JN438462

구름 위에 별은 반짝이고

구름 위에 별은 반짝이고

서석구 신부 글 모음집

신아출판사

책머리에

우리는 지금 출판물 홍수 시대에 살고 있다고 합니다.
바쁜 시대에 책을 읽는다는 것은 쉬운 일은 아니지요.
그래서 부담스럽지 않게 볼 수 있는 토막글로 꾸며 보았습니다.
얼마 동안 건강 때문에 사목생활에서 떠나 있어 보기도 했지만 본당에 돌아와 신자들과 함께하면서 주님의 은총과 신자들의 기도의 힘으로 여기까지 온 것에 다시 한 번 감사의 말씀을 드리고 싶습니다.
그동안 짬짬이 모아둔 글이 있어 함께 나누고자 용기를 내보았습니다.
내가 책을 출판하는 것은 나에게 여러 가지로 베풀어 주신 모든 분들께 감사의 선물이라도 드리고 싶은 마음에서입니다.
그동안 몇 권의 책을 출판해 보았지만 늘 아쉬움만 남습니다.
그래서 사목생활을 갈무리하는 차원에서 몇 줄 적어 보았습니다.
사랑하는 분들과 함께하고 싶어서입니다.
또한 당신을 사랑한다는 이 말 한 마디를 전하고 싶어서입니다.

말하자면 사랑의 영수증이지요.
영수증 받으시고 시간 나면 한 번씩 확인해 주시면 고맙겠습니다.
감사합니다.
사랑합니다.

2012년 겨울
전주 금암동 성당에서
서석구 (사도요한) 신부

차례

둘 | 영혼의 나이는 없다

셋 | 문은 열려 있다

넷 | 삶에 정답은 없다

다섯 | 러브콜

여섯 | 유혹은 여기까지만

일곱 | 그래 웃어주자 너도 살고 나도 살자

하나

자연은 모두가 저리도 평화로운데

내가 살고 싶은 동네

나무는 함께 있으면서 숲을 이룬다.
자랑하지도 않고 불평하지도 않으면서
사이좋게 태양도 바람도 나누어 가지며
비바람 견디며 의지하고 사는 모습이 참 좋다.
시냇물은 도란도란 속삭이며 마을길을 돌아가고
강물은 유유히 바닷길을 찾아가며
아! 태초에 에덴동산이 그랬지 않았을까.
자연은 모두가 저리도 평화로운데
사람 사는 동네도 그랬으면 좋겠다.
나 그런 동네에서 집을 짓고 살고 싶다.

탈출

도시에서는 해가 어느 쪽에서 뜨고 지는지
달이 차고 기운지도 모르고 삽니다.
세상의 고층 건물들과 휘황한 불빛으로
도시는 밤하늘이 없습니다.
아파트 창문은 바람이 통하는 공간일 뿐입니다.

나는
어느 날 도시를 탈출하고 나서야
숲이 우거지고 개울물 흐르는 소리를 들었습니다.
밤하늘에 별무리도 보았습니다.
기러기 구만 리 가는 소리도 들었습니다.
아! 여기가 달이 뜨고 해가 지는 동네인가 봅니다.
자연은 언제나 이렇게 평화로운데.

화무십일홍

하루아침 나팔꽃이나
백 일 피는 백일홍이나
화무십일홍인데
먼저 피고 뒤에 핀들
앞서거니 뒤서거니 할 뿐이지요.

이별

꽉 찬 보름달
반가운 반달
실눈 웃음 초승달
활짝 핀 들국화
방금 눈뜬 동백꽃
불어오는 봄바람에 아침이슬 촉촉한데

밀물과 썰물은 모래사장을 만들며
사람들은 이것을 보며 아름답다 하네요.
그런데 사람들은 왜 이런 모습을 보고
이별이란 말을 떠올린다네요.

장미꽃

장미꽃 나무에는 가시가 있답니다.
꽃은 아름답고 향기가 납니다.
사람들은 가시를 두려워하면서도
장미꽃은 좋아합니다.
이 말을 하다 보니 생각나는 말이 있네요.
얼굴이 반반한 사람은 성깔도 만만치 않다던데
글쎄요 나는 당해보지 않아서……
장미꽃은 자존심이 대단한 꽃인가 봅니다.

망종날*

엄마는 아침부터 밭에서 살고
아빠는 저녁까지 논에서 살고
아기는 저물도록 나가서 놀고
오뉴월 긴긴 해에 집이 비어서
더부살이 제비가 집을 봐주네

(요사이 제비와 종달새는 어디 가야 보나요)

* 망종날 : 보리를 거두고 모를 심는 시기

작은 것부터

작은 것부터 빗방울 모여 바다가 되었겠지요.
태산도 티끌 모여 높았겠지요.
모두가 처음은 이렇게 작았답니다.
작은 것부터 사랑하십시오.
한 그루의 나무를 사랑하지 못하면 숲을 사랑할 수 없고요.
구름 한 점, 바람 한 길 사랑하지 못하면 자연을 사랑할 수 없지요.
오늘 내가 너를 사랑하지 못하면
내일 누구도 사랑하지 못할 겁니다.
나는 지금 글을 쓰는 종이와 펜을 사랑하기 때문에
이 글을 쓸 수 있답니다.
그리고 누군가가 내 글을 읽어줄 사람이 있다는 것에
감사할 따름이지요.

연못가

연못가 버들가지는
하룻밤 사이에 실손을 흔들며
봄바람에 물 맥질을 하고 있네요.
깜짝 놀란 금붕어는 눈망울을 굴리고
홍매화는 더욱 붉어 금붕어도 따라 익어가네요
봄을 즐기는 산새들도 이 가지 저 가지 날아드니
아침이슬은 후두둑 떨어지고
산책 나온 이 몸이 어찌 발길을 멈추지 않을 수 있으랴.

목소리 큰 놈

매미는 한 달 살기 위해 땅속에서 5년 이상 애벌레로 산다네요.
매미는 그래서 저리 울어대는가.
그렇게 울어대다가 힘들어 더위 먹겠다.
또한 큰소리로 우는 놈이 암컷을 차지한다네요.
목소리 큰 놈이 이긴다는 법칙이 그곳에서도 통하나 봅니다.

사는 소리

나는 고요한 밤에 이런 소리를 듣습니다.
지구가 돌아가는 소리를.
달이 기우는 소리를.
별이 깜박이는 소리를.
그리고 내가 세월 속에
가고 있는 소리를 듣고 삽니다.
심장 소리와 함께
내가
살고 있는 소리를 듣고 삽니다.

자리 옮긴 나무

사정없이 잘려버린 나뭇가지.
몸통만 겨우 보존한 저 모습은
교통사고로 병원에서 정형 수술을 하고
붕대 감고 목발 짚고 있는 그 모습이다.
받침목을 세웠지만 비바람이 거셀 텐데
저것이 제대로 살아줄까?
어느 봄날에 잎이 피고 그늘도 주었다.
아! 부러진 뼈가 붙고 상한 살이 새살로 채워졌구나
네 고통이 내 고통보다 더 컸을 텐데
살아주어서 고맙다 나무야.

4월 산행

그전에 어머니들은
바구니를 들고 4월에 산에 올랐다.
가족의 배를 채우려고

지금 어머니들은 배낭을 메고 산에 오른다.
뱃살을 빼려고
참 좋은 세상이다.
나도 매일 야산에 오른다.
하체 근력을 위해서.

꽃 한 송이

나는 꽃다발보다 꽃 한 송이가 좋다.
식탁이나 책상 위에
여러 송이는 혼란스럽다.
나는 그 꽃들을 다 사랑할 만한
준비가 안 된 사람이다.

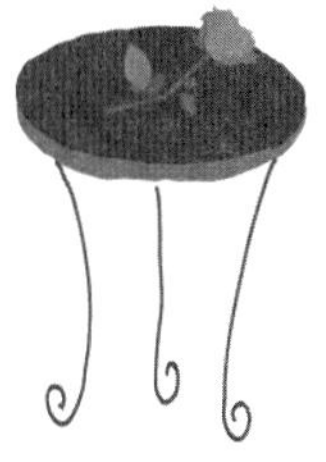

가을

가을을 사랑하는 사람들에게
가을 하늘은 높아서 좋고
가을 바람은 시원해서 좋아요.
모두가 사랑이랍니다.
가을 우물가에서 생각해 보네요.
꽃이 지고 난 자리에 잎이 피었고
잎이 진 자리에 열매가 주렁주렁이네요.
이렇게 좋은 날 당신이 내 곁에 있어준다면
개울가 물소리도 익어가는 가을 소리도
당신께 사랑의 노래가 될 것입니다.

내일은 내일의 태양이 떠오른다

지구가 생기고 아침에 해가 뜨고
저녁에 해 지는 일이 없었던 적이 있었던가?
지구가 멈추지 않는 한 계속될 것이다.
내일의 바람은 내일의 바람이 분다.
같은 상황이라도 어떻게 받아들이느냐에 미래가 결정된다.
결국 생각하기에 달렸다.
꿈보다 해몽이 좋다는 말이 있다.
긍정의 힘이 얼마나 좋은지 강조한 말이다.
지구가 돌고 해와 달이 뜨고 밤하늘에 별들이 반짝이듯이
우리의 삶도 희망도 내일의 태양처럼 떠오를 것이다.
오늘이 어렵다고 절망할 필요는 없다.
희망은 매일 떠오르는 태양처럼 우리에게 찾아오고 있다.

— 새전북신문 발췌

자연의 은혜

그늘을 주지 않는 나무가 없듯이
열매를 주지 않는 꽃은 없다네.
들풀이 새들에게 먹이를 주듯이
바람은 씨앗을 옮겨준다네.
고맙고 고마워라 자연의 은혜

— 어느 좋은 글 중에서

냄새

나는 매일 냄새를 맡으러 산에 갑니다.
도심 속에서는 맛볼 수 없는 냄새
숲 속에 들어서면 바람 냄새
흙 냄새 나무 냄새 물 냄새
그리고 내 몸의 땀 냄새
새소리도 아름답고요
지금은 하루의 일과가 되었답니다.

— 흙석골 산책길에서

담쟁이덩굴

어느 벽돌집 한 채를 한 땀 한 땀 짜깁기로 옷을 입혔다.
창문 몇 개만 남기고 사람 얼굴 내다볼 정도만
공간을 두고 말이다.
그는 한 해도 쉬지 않고 계획된 설계사처럼 멋있는
디자인으로 리모델링을 한 것이다.
저 집 주인은 바뀌어도 담쟁이는 그 일을 계속할 것이다.
담쟁이덩굴은 왜 저리 집요하게 짜깁기를 하고 있을까.
하늘에 벽이 있다면 언젠가는 담쟁이는 그곳도 마다하지
않을 것이다.
집 한 채가 완성되면 담쟁이는 실직자가 될 텐데
담쟁이 끝자락을 보면서 좀 더 생각해 보아야겠다.

농민주일

천천히 씹어서
공손히 삼켜라

봄에서 여름 지나 가을까지
그 여러 날을

비바람 땡볕으로 익어온 쌀인데
그렇게 허겁지겁 삼켜 버리면

어느 틈에 고마운 마음이 들겠느냐
사람이 고마운 줄을 모르면
그건 사람이 아닌 거여.

— 이현주 목사의 《밥먹는 자식에게》 중에서

청문회 말말……

약자가 실증법을 위반하면 위법이요, 강자가 실증법을 위반하면 관행이요 입장이 바뀌었다고 이렇게 말할 수 있는가.

변명이 구차해진 어떤 여당 국회의원은 털어 먼지 안 나는 사람 있느냐고 했단다.

그래 맞는 말이다. 그러나 상식을 벗어나지 않는 범위 안에서야지 없는 사람 같으면 지금 교도소에 있어야 할 법도 한데 말이야.

시쳇말로 유전무죄 무전유죄라는 말이 생각난다.

오히려 약자에게는 너그러움과 자비를, 강자에게는 엄한 규범이 되어야 하지 않겠는가?

성인의 말씀에 자신에게는 엄격하고 타인에게는 관용이 있어야 한다고 했다.

그런데 요사이 돌아가는 꼴을 보면 청문회라는 것이 마음에 안 든다.

세상이 변해서 해석을 달리하고 있나 보다. 그러나 나의 생각은 변함이 없다.

지도자에게는 더 많은 도덕성과 준법정신이 철저해야 한다고 본다.

바람아

나뭇잎아
바람이 너를
데려가려 하거든
가만 있거라

— 《황혼의 미학》 중에서

올봄 날씨가 왜 이래

하루 멀다 하고 구름 끼고 비 오고
바람 불고 황사 날고
이러다가 올봄은 다 가겠다.
꽃들은 피었다가 임 한 번 못 만나고
벌과 나비는 오도 가도 못하고
꽃은 외롭고
벌나비는 심심하겠다.
봄은 벌과 나비가 날아야 제맛인데.

세상은 어떠한가.
하늘에선 화산재로 하늘길이 막히고
바다에선 군함이 침몰되어 젊은이가 희생되고
땅에선 이곳저곳에서 지진으로 수만 명이 목숨 잃고
멀쩡한 강바닥은 곳곳이 파헤쳐지고
날씨는 몸살이고
강산은 찢겨나고
아! 어찌할거나
꽃이 핀다고 봄만은 아닌가 보다.
봄은 왔으나 봄 같지 않네요.
그래서 4월은 잔인한 달인가.

연탄재

연탄재 함부로 발로 차지 마라.
너는
누구에게 한 번이라도
뜨거운 사람이었느냐.

— 안도현

그래
나도 한번 그리 살고 싶다.

갈대

언제부턴가 갈대는 속으로
조용히 울고 있었다.

그리고 어느 날 밤이었을 것이다.
갈대는 그의 온몸이 흔들리고 있는 것을 알았다.

바람도 달빛도 아닌 것
갈대는 저를 흔드는 것이
제 조용한 울음인 것을 까맣게 몰랐다.
산다는 것은 속으로 이렇게
조용히 울고 있는 것이란 것을
그는 몰랐다.

— 신경림

갈대 1

늦가을 찬 서리 내리고
온 산은 단풍으로 물들 때
갈대는 온통 은빛으로
깃발을 세우고 있다.

수롯가 웅덩이에서는
피라미들이 햇빛 속으로
갈대와 함게 뛰놀고 있다.

나는 그런 너를 볼 때마다
하고 싶은 말이 많은데
한 마디도 못하고 마음만 태운다

그대는 꽃인가 바람인가 으악샌가
갈대에는 벌 나비는 오지 않는다
향기가 없어서인가
바람이 불어서인가

가을바람에 저리 몸을 말리는데
자기 몸 하나 가누기도 어려운데
바람은 그를 애무하며 스쳐간다.
갈대는 아무런 저항 없이
바람이 불어주는 대로
낮에는 노래하고 밤에는
들새를 품고 조용히 울며 잔다.

갈대 2

가을은 모두가 떠난다.
그러나 우리는 떠나지 말고 포옹하며 살자.
사랑은 떠나는 것이 아니거든
가을을 사랑하는 사람은
떠날 때도 있지만 돌아올 때도 있단다.

갈대는 함께 저리 속삭이는데
그 소리가 으악새라 했던가
갈대밭에 서면 내 머리카락이 반백이 되어버렸다.
세월이 갈대밭길을 걷게 해주었다.

흔들리며 피는 꽃

흔들리지 않고 피는 꽃이 어디 있으랴.
이 세상 그 어떤 아름다운 꽃들도
다 흔들리며 피었나니
흔들리면서 줄기를 곧게 세웠나니
흔들리지 않고 가는 사랑이 어디 있으랴.

젖지 않고 피는 꽃이 어디 있으랴.
이 세상 그 어떤 빛나는 꽃들도
다 젖으며 피었나니
바람과 비에 젖으며 피었나니
바람과 비에 젖으며 꽃잎 따듯하게 피었나니
젖지 않고 가는 삶이 어디 있으랴.

— 안도현

가을이 오면

나는 꽃이에요.
잎은 나비에게 주고 꿀은 꿀벌에게 주고
향기는 바람에게 보낸답니다.
그러나 난 잃은 건 하나도 없어요.
더 많은 열매로 태어날 거예요.
가을이 오면.

— 김용석

그래요.

자연은 그래서 하느님의 선물이랍니다.

둘

영혼의 나이는 없다

차이

있는 자와 없는 자와의 차이는 만족의 차이랍니다.
만족한 자는 부자요 그렇지 못한 자는 빈자입니다.

꽃 한 송이가 피어야 봄인가?

꽃 한 송이가 피어야 봄인가?
다함께 피어야 봄이지
주변에 어려운 사람이 많이 있는 한 아직은 봄이 아니다.

— 어느 신부님의 박종철 군 추모미사 강론 중에서

내 탓이요

하늘 아래 죄 없는 자 있던가.
누가 죄인을 탓하기만 할까?
누가 저 여인에게 돌을 던질 수 있는가?
내 탓이요 내 탓이요 내 큰 탓이로소이다.
저는 하느님 앞에는 죄인이요,
인간들 앞에는 부끄러운 놈입니다.

일등과 꼴찌

일등하기도 어렵지만 꼴등하기도 어렵다.
그렇다면 사는 걸 편하게 생각해보게나.

꿈

한 사람의 꿈은 꿈으로 남아있지만
여럿의 꿈은 현실로 이루어진다.

— 고도원 〈꿈 너머 꿈〉

그래요

꿈을 꾸되 개꿈을 꾸지 말고 야무진 꿈을 꾸어 보아라.

삶의 길이

생명 있는 것에는 시작과 끝이 있다.
삶은 시작과 끝의 사이다.
살고 죽는 것은
삶의 길이가 각기 다를 뿐이다.

까불지 마라

하늘은 하늘만큼 알고
땅은 땅만큼만 안다

그리고
인간은 인간만큼만 안다.
인간은 다 거기가 거기다.

까불지들 마라
철딱서니 없는 것들아.

"내 생각은 너희 생각과 같지 않고
너의 길은 내 길과 같지 않다.
하늘이 땅 위에 있듯이 내 길은 너희 길 위에,
내 생각은 너희 생각 위에 드높이 있다." (이사야 55.8-9)

천 년의 근심

백 년도 못 사는 인간이 천 년의 근심으로 산다

— 한산(중국 당나라 시인)

옮은 말이지만 지키고 사는 사람이 얼마나 될까요.

표현의 차이

개와 고양이는 왜 앙숙인가?
감정의 표현이 다르기 때문이라네요.
개는 기분이 좋으면 꼬리를 치켜들고 살랑거리고
고양이는 기분이 좋으면 반대로 꼬리를 내린다네요.
둘이는 그 표정을 이해할 수 없으니 싸울 수밖에요.
늑대와 개의 차이는
개는 꼬리를 치켜들고 늑대는 꼬리를 내린답니다.

훈수

지금도 시골에 가면 정자나무 아래서 장기 두는 모습을 볼 수 있다.

그런데 그곳에는 약방에 감초처럼 훈수 두는 사람이 있다.

장기 두는 사람이 셋인 것이다. 여기서 재미있는 일이 있다.

장기 두는 두 사람보다 훈수 두는 사람 더욱 신중하게 들여다보고 있다.

본래 장기나 바둑은 훈수하는 사람이 더 멀리 보는 법이다.

왜냐하면 욕심을 버리고 한 수 물러서보면 전체가 보이기 때문이다.

나도 그런 경험 있었는데 내가 장기를 두면 그게 안 되더라.

인생사도 마찬가지다. 한 수 물러서 보아라.

함부로 비판하지 마

남의 신발을 신고 10리만 걸어 보라는 말이 있다.
남의 입장이 되어 보지 않고는 이해할 수 없다는 말이겠지?
남의 안경을 쓰고 책 한 권을 읽을 수 있을까.
그래 남의 입장을 함부로 판단하거나 비판하지 말자.
신부인 나도 상담할 때 신경이 많이 쓰이는 말이다.

소탐대실

사람들은 바위에 걸려 넘어지기보다
작은 돌부리에 걸려 넘어지는 수가 많다.
공자님의 말씀이지요. 소탐대실이라 할까?
또는 역으로 생각해보면
작은 것이라도 소홀하지 말라는 말로도 들린다.
어쨌든 매사에 신중하라는 말이겠지요.
태산도 흙 한 줌을 마다하지 않아서 이루어지고
바닷물도 한 방울의 빗물을 받아들였기 때문이지요.

명예

옷은 더러워지면 세탁하고 구겨지면 다림질하면 된다.
그러나 명예와 인격은 한번 구겨지면 다림질로 펴지지 않는다.
살펴서 살라는 교훈이겠지.

인생여로

우리는 같은 배를 타고 간다.
그러나 내리는 항구는 각기 다르다.
세상에 올 때는 순서가 있지만
갈 때는 순서를 아무도 모른다는 말이겠지.
그러니 있을 때 잘해.

모험

배는 항구에 있을 때 가장 안전하다.

그러나 배는 그러라고 만들어진 것이 아이다.

풍랑이 무서워 항해하지 못하는 배는 아무런 의미가 없지요.

기회란 찾아오는 것이기도 하지만

찾아온 기회가 없으면 스스로 찾아내는 것

바로 이것이 세상을 앞서가는 성공한 사람들의 삶이지요.

— 무용가 홍신자 글

내가 먼저

거울은 절대 먼저 웃어 주지 않는다.
내가 먼저 웃어주라는 말이겠지요.
그래요 내가 먼저 변하라는 말이겠지요.
오늘부터 많이 웃어줘야지.
그러면 나도 언젠가는 스마일 얼굴이 되겠지.

정치의 우선순위

물은 배를 띄우지만
그 물이 배를 전복시킬 수도 있다.
정치가가 바른 정치를 하면
잔잔한 바다를 순항하듯 국민이 따르지만
올바른 정치를 하지 못하면
국민은 성난 바다처럼 일거에
이를 뒤집어버릴 수도 있다는 교훈.
정치의 가장 우선 순위는
국민을 잘살게 하는 것이다.

— 중국의 사상가 순자의 말

머나먼 여정

환갑還甲인 60에 데리러 오거든 지금 안 계시다고 전하여라.

고희古稀인 70에 데리러 오거든 아직은 이르다고 여쭈어라.

희수喜壽인 77에 데리러 오거든 지금부터 老를 즐긴다고 하여라.

산수傘壽인 80에 데리러 오거든 이래 봬도 아직은 쓸모 있다고 하여라.

미수米壽인 88에 데리러 오거든 조금은 쌀밥을 더 먹고 가겠노라고 하여라.

졸수卒壽인 90에 데리러 오거든 그렇게 서둘지 않아도 된다고 하여라.

백수白壽인 99에 데리러 오거든 때를 보아 스스로 가겠노라고 하여라.

— 어느 좋은 글에서

영혼의 나이

법정 스님은 영혼에는 나이가 없다고 했다.

영혼에 무슨 나이가 있겠는가?

육체에는 분명히 나이가 있다. 생로병사 말이다.

그러나 마음의 나이는 자기 마음에 생각에 달려있을 뿐이다.

그래서 어떤 사람은 말하기를 나이는 숫자에 불과하다고 했다.

서울 병원에 다니면서 지하철을 탔을 때 좌석이 없어서 서서 가게 되었는데 앞에 앉아 있던 아가씨가 일어서면서 좌석을 내주는 것이었다.

처음 당하는 일이라 어찌 보면 반갑고 고마운 일이지만 내가 자리를 양보받을 나이가 되었나 생각해 보니 기쁜 일 같지만은 아닌 성싶다.

어느 날은 경로석에 앉아 있던 노인이 내가 옆에 서 있는 것을 보고 일어서 주는 것이었다.

나는 괜찮다고 사양하고 다음 정거장에서 내렸다. 왠지 씁쓸했다.

내가 경로석에 앉을 만큼 늙어 보였나 보다.

그래 아무리 정신연령이 어쩌고 저쩌고 하지만 사람은 늙어간다.

인정하기로 했다.

— 서울 병원에 통원 치료 다니면서

확실한 교육

골든벨 시간에 오답을 한 학생에게
아나운서가 누구를 가장 존경하느냐고 물었다.
자기 아버지라고 했다.
아버지가 무슨 일을 하시기에 그렇게 존경하느냐고 다시 물었다.
아버지는 일용직 건설노동자라고 했다.
아버지와 이야기를 자주 나누냐고 물어 보았다.
아버지는 아침 일찍 나가시기 때문에 보기가 힘들다고 했다.
그러면 언제 만나느냐고 물었다.
일감이 없을 때 만난다고 했다.
아버지는 무슨 말씀을 해 주시느냐고 물었다.
아버지는 한 번도 공부 잘해라 말한 적이 없다고 했다.
그러나 한 마디는 하신단다.
너도 공부하지 않으면 나같이 된다.
그 학생은 이런 아버지를 사랑하고 존경한다고 말했다.
왜였을까?
삶보다
확실한 가르침은 없다.

— 일요일 〈골든벨〉을 보고

헌재의 미디어법(신문 방송법) 판결을 보고

국회가 미디어법 불법처리로 진통을 겪고 있다.

헌법재판소는 언론 관련법 판결 내용을 보면 신문법안에 서는 권한침해가 있다고 7대 2로 인정했다.

허나 무효청구에서는 3대 6으로 기각했다.

방송법안에서는 인권침해가 있다고 6대 3으로 인정했다.

그러나 무효청구에서는 2대 7로 기각했다.

이 결과를 놓고 보면 미디어법은 다수가 권한 침해가 있었다고 인정했다.

그런데 헌재는 두 법안의 가결을 무효로 해달라는 야4당의 청구를 기각했다.

이것은 마치 불법은 인정하지만 그것을 무효라고 말 못하는 정치 재판이 되고 말았다.

유신 때 권력 앞에 "성공한 쿠데타는 처벌할 수 없다."는 번복의 판결과 무엇이 다른가.

정의는 야당에 있으나 권력은 여당에 있다는 정치적 판결이라는 오명을 받게 되었다.

김영호 미디어 행동 공동대표는 말한다. "절차가 위법이면 결과도 위법이어야 한다."고

오늘의 헌재의 판결을 따르자면 앞으로 국회에서 어떤 악법도 절차를 무시하고 통과만 시켜놓으면 된다는 관례를 남긴다.

헌법재판소는 어디로 가고 있는가.

이성은 살아있는데 행동은 다른 판결을 내리고 있지 않는가 말이다.

갑자기 김대중 대통령의 말이 생각난다. 행동 없는 양심은 악의 편이라고 했는데 헌재는 악의 편이 되고 말았다.

이런 법을 따라야 하나 불복종해야 하나 살기도 힘든데 정말 찌증난다.

그래 헌재의 판사들 신문에 입을 다문 모습이 꿀먹은 벙어리가 아니라 똥먹은 벙어리 모습이더라.

구체적인 예를 들어보면 음주운전자가 만취가 되었지만 음주운전자가 아니라는 식이지.

남의 물건을 훔쳤지만 절도는 아니다. 절차를 무시하고서라도 결과만 얻으면 괜찮다는 원리이지.

살인자가 사람을 죽이고도 살인범이 아니라고 하는 꼴이 되었다.

절차는 위법이지만 결과는 유효하다.

헌재의 이번 판결은 이 나라의 젊은이들에게 깡패공화국이 되더라도 결과만 좋으면 되는 법이 없는 무법천지가 되어도 결과를 얻기 위해서는 수단과 방법을 가리지 않아도 되는 무서운 가르침을 주었다. 이러고 보면 골목 깡패가 행패를 부려도 법에 호소할 수 없게 되었다.

유신독재 시절도 아니고 지금이 어느 시대인데 헌재는 이렇게 몸을 사리고 있는가.

옷을 벗을 각오로 용기있는 판사가 없었단 말인가. 배울 때는 그렇게 배우지는 않았을 텐데.

주인은 국민인데 먹이 주는 주인에게 충성하는 똥개의 신세가 되고 말았다. 좀 심했나.

진정한 부자는

진정한 부자는 소유하는 것이 아니라 누리는 자의 것이다.
이것을 깨닫지 못한 사람은 평생을 수고로움으로만 산다.
가진 자들이여 나누어 보아라.
이웃도 행복하고 당신도 행복할 것이다.

인격 형성

생각을 조심하라 그것은 말이 되기 때문이다.
말을 조심하라 그것은 행동이 되기 때문이다.
행동을 조심하라 그것은 습관이 되기 때문이다.
습관을 조심하라 그것은 인격이 되기 때문이다.
인격을 조심하라 그것은 인생이 되기 때문이다.

— 어느 좋은 글에서

주의 기도
— 매일미사 책에서

우르과이 어느 작은 성당 벽에 이런 글이 적혀 있다고 합니다.
이 글을 보면 얼마나 주님의 기도와 동떨어진 행동을 하며
살고 있는지 알 수 있다.
그 내용은 다음과 같다.

너희는 하늘에 계신이라고 말하지 마라.
[늘 세상에만 빠져 있으면서]

우리라고 말하지 마라.
[늘 혼자만을 생각하면서]

아버지라고 말하지 마라.
[한 번도 아들딸로 산 적이 없으면서]

이름이 거룩히 빛나시며 라고 말하지 마라.
[늘 자기 이름을 빛내려고 안간힘을 쓰면서]

아버지의 나라가 오시며 라고 말하지 마라.
[물질만능의 나라를 원하면서]

아버지의 뜻이 이루어지소서 라고 말하지 마라.
[늘 내 뜻이 이루어지기를 바라면서]

일용할 양식을 주소서 라고 말하지 마라.
[먹고살 재산을 다 축적해 놓았으면서]

저희가 용서하듯이 라고 말하지 마라.
[늘 마음에 앙심을 품고 있으면서]

저희를 유혹에 빠지지 않게 라고 말하지 마라.
[늘 죄지을 기회를 찾으면서]

악에서 구하소서 라고 하지 마라.
[악을 보고도 아무런 양심의 가책도 느끼지 못하면서]

아멘이라고 응답하지 마라.

[주님의 기도를 진정 나의 기도로 바친 적도 느끼지 않으면서]

여기에 쓰인 주님의 기도 구절 가운데 자신의 모습이 아니라고 항변할 수 있는 구절이 하나라도 있는지요.

가난은 수치가 아니지만 그렇다고 명예로운 것도 아니다

가난을 문학 속에서는 하나의 아름다움으로

또는 낭만으로 표현할 수 있지만 생활에는 큰 고통인 것이다.

또한 설교를 통해서는 한없이 맑고 깨끗한 것처럼 들릴지 모르지만 실제의 생활 속에서는 거리가 먼 이야기일 뿐이다.

가끔 가다 종교에서 청빈을 강조하다 보면 가진 자는 죄인으로

가난한 자는 선인으로 미화하는 것은 바른 생각이라고 볼 수 없다.

문제의 본질은 가지고 못 가지고의 기준이 아니라 그 마음에 겸손과 청빈을 가려 보라는 것이다.

청빈은 마음에 있는 것이지 물질의 많고 적음에 있는 것이 아니다.

— 탈무드

나이를 한 살 보탤 뿐

사람은 누구나 어른이 되지 않는다.
다만 나이를 한 살씩 먹어갈 뿐이다.
노인은 자기 자신이 젊어질 수 없다는 것을 알지만
젊은이는 자기가 늙어간다는 것을 잊고 산다.

— 좋은 글에서

건강은 대신할 수 없는 것

돈을 잃으면 적게 잃은 것이요
명예를 잃으면 많이 잃은 것이요
그러나 건강을 잃으면 전부를 잃은 것이다 라는 말을
모르는 사람은 없다.
그러니 건강은 건강할 때 챙겨야 한다.
돈과 지식은 다른 사람에게서 빌려 쓸 수도 있지만
건강은 누구의 것으로도 대신할 수 없기 때문이다.
우리 모두 건강하게 삽시다. 감사합니다.

셋

문은 열려 있다

진심은 통한다

진심은 통하고 진리는 이긴다.
그래
진심의 문은 언젠가는 열리고
진리는 언젠가는 바른 길로 이어진다.
성경에
찾으라 얻을 것이요 두드리라 열릴 것이요
구하라 받을 것이라 하셨지 않는가.

하느님의 아들

종이 주인을 섬기는 것은 보았으나
주인이 종을 섬기는 것은 보지 못했습니다.

그러나 하느님은 사람이 되시고 종의 모습으로 인간을 섬기고 또한 제자들의 발까지 씻어주시고 종을 위해 죽기까지 하셨습니다.

우리는 그분을 하느님의 아들 예수 그리스도라고 부릅니다.

또한 세상을 구해주신 구세주라고도 합니다.

기도할 뿐이다

판사의 성탄 카드에 사형수에게 이런 글을 보냈단다.
판사인 나 김 아무개는 당신에게 사형선고를 내렸지만
인간인 나 김 아무개는 당신을 위해 기도할 뿐이다.
그는 혹시 예수 믿는 크리스천이었겠지
나도 한말 거들어 볼까
사제인 나 서 신부는 당신에게 사죄경을 해 주지만
인간인 나 서석구는 하느님께 용서의 기도를 함께 청할 뿐이다.

— 어느 신문기사에서

내 안에 다른 나

인간은 소우주다.
인간 안에 하늘과 땅이 있다.
내 마음속에 나도 모르는 내가 또 있다.
항상 이놈 때문에
갈등이, 갈등이…

문은 열려 있다

신은 공평해서 한쪽 문을 닫으면서
한쪽 문을 열어둔다고 합니다.
세상에 막다른 골목은 어딘가 자세히 살펴보면
그 길이 있다는 교훈이겠지요.
성경에 찾으라 얻을 것이요
구하라 받을 것이요
문을 두드리라 열리리라 하셨습니다.
웨날크는 이렇게 말했습니다.
'절대 절망으로 피할 길 없는 그런 불행은 극히 드물다.
아직 벗어날 구멍이 있건만 사람들은 스스로 절망해 버린다.
인생은 희망에 속느니보다 훨씬 절망에 속고 있다.'

용서를 청합니다

실패는 용서할 수 있지만 실망은 용서할 수 없다.
나는 실패도 해보고 실망도 해보았는데
듣고 보니 용서를 청해야 하겠습니다.
주여 자비를 베푸소서.

나의 기도

나는 그동안 행복이란 말을 많이 했습니다.
생각해보니 무엇이 행복이고 무엇이 불행인지도 모르면서
주님!
행복이란 더 착한 사람에게 주시고
저 같은 사람에겐 불행만 주시지 않으신다면
그것으로 감사하게 살겠습니다.
그동안 저의 삶을 되돌아보니
그런 것은 욕심이었습니다.
언감생심 분수도 모르고
지금까지 떠들어댄 말이 부끄럽습니다.

저는 지금 행과 불행을 말할 자격이 없습니다.
입 다물고 사는 것이 득이 될 듯싶습니다.
주님 경솔했음에 용서를 청합니다.

동행

서울에서 부산까지 지루하지 않게 가는 방법은
사랑하는 이와 함께 가는 것이랍니다.
일생을 지루하지 않게 가는 방법은
예수님과 함께 가는 것이지요.

역지사지

부유한 사람들이여 가난한 이들을 기억해 주십시오.
직업을 가진 자들이여 무직자들을 기억해 주십시오.
건강한 자들이여 병든 자들을 기억해 주십시오.
가톨릭이든 불교든 개신교든 이슬람이든
심연의 공허를 지고 살아야 하는 인간이
종교의 영혼에 기댈 때 무엇을 기대하는 것인지
고위성직자들이 잊지 않기를 바랍니다.

— 요한 바오로2세

주님은 나의 목자

실패하지 않는 사람은 없다.
실패하지 않는 사람은 성공도 없다.
실패할 때 다시 일어나는 것이 성공으로 가는 길이다.
주님 살려 주십시오 물 위에서 예수님께 구원을 청합시다.
주님을 놓칠 때 어린이가 부모의 손을 놓칠 때
고아가 되듯이 말입니다. 주님께서는 지켜주십니다.
함께하시겠다고 약속하셨습니다.

— 임마누엘

시편 주님은 나의 목자 아쉬울 것 없노라.

네 자신을 알라는 말의 의미

소크라테스가 한 이 말은 세상에 너무 많이 회자되는 말이다.

자기 자신을 성찰해 보라는 교훈으로 생각한다.

때로는 잘못했을 때 네 자신을 알라는 꾸지람으로 자주 들리곤 한다.

그러나 다른 관점에서 네 자신을 알라는 말은 네 장점을 알아 챙겨 보라는 말로 바꾸어 생각해보면 마음이 훨씬 편하고 교훈의 뜻이 살아있게 됨을 안다.

또한 이런 말도 했지요.

"내가 남보다 나은 점이 있다면 내가 남보다 부족하다는 것을 내가 남보다 더 잘 알고 있다."고.

참 멋있는 성현의 말씀이다.

하느님이 네 십자가를 지라는 말씀도 이런 차원에서 생각해보면 고통의 무게로만 생각하기보다는 그 뒤에 숨어 있는 고개 넘어 내리막길이 있듯이 기쁨도 있다는 것을 묵상하는 데에 도움이 되지 않을까 생각해 본다. 부활의 영광 말이다.

등산객들의 우문

내려갈 길을 왜 오르느냐고 묻는다.
나도 잘 모르겠다.
모든 사람들이 다 그 길을 가고 있지 않는가.
이런 생각을 해본다.
지는 해는 왜 아침에 뜨는가?
배고플 밥은 왜 먹는가?
돌아갈 인생을 왜 왔는가?
나도 잘 모른다.
창조주께 물어보자.

천국 사다리

천국에 이르는 사다리는 하나뿐이다.
십자가 이외는 하늘에 오르는 사다리는 없다.

— 리마의 성녀로사

핑계

핑계는 태초에 아담과 이브가 하느님께 사용한 말이다.
지금도 어찌하여 그리도 핑계가 많은지 모르겠다.
잘못을 인정하고 용서를 청했으면 세상은 달라졌을 텐데.
핑계는 인류 최초의 죄악을 뿌리는 씨앗이었다.

기도의 응답

기도의 응답은 침묵이 가져다 준 마음의 평화입니다.

만약 누가 응답을 즉시 받았다면 그는 특별한 축복입니다.

나는 아직도 그런 응답을 받지 못했기 때문에 오늘도 내일도 침묵으로만 기다리고 있습니다.

때로는 마음의 평화의 수준으로 만족하고 있습니다.

먼저 인간이 돼라

참 인간이거나
참 사제이거나
둘 중에 하나만이라도
신자들에게 만족시켜도
성공한 신부다.
사제들이여 한번 묵상해보기를…

— 가톨릭 잡지에서

솔직하게 살고 싶다

아프면 아프다고 좋으면 좋다고 싫으면 싫다고
울고 싶으면 울고 웃고 싶으면 웃고 살 것이다.
참는다는 것은 때에 따라서는 위선일 수도 있다.
사제생활 빼놓고는 모두 바꿀 수도 있다.
위선은 정말 신물이 난다.
나는 더욱 고상하기보다는 더욱 솔직하게 살고 싶다.

용서

인간이 아닌 다른 피조물은 자연 그대로 살아가는데 왜 인간은 용서할 수 없는 상처를 가슴에 안고 살다가 죽어가는가.

용서를 못 한다는 것은 마음이 오그라졌다는 것이다.

마음에 빗장을 걸고 열지 않기 때문이다.

달마대사는 "마음 마음 마음이여 참으로 알 수 없구나.

너그러울 때는 온 세상을 다 받아들이다가도

한 번 옹졸해지면 바늘 하나 꽂을 자리가 없더라."하였다.

집회서 27,30-28 : 이웃의 잘못을 용서해 주어라.

"그러면 네가 기도할 때에 네 죄도 사해질 것이다.

자기의 분노가 있는 자가 이웃의 분노를 품고 있는 자가

어떻게 주님의 용서를 기대할 수 있으랴."

예수님께서는 원수까지 용서해 주라고 하셨다.

대도무문大道無門

그는 나를 반역자 이단자라 여기며 선을 긋고 나를 선 밖으로 내쫓았다.

그러나 나는 사랑과 용서와 자비와 의논하여 그를 선 안으로 받아들였다.

편 가르기를 좋아하는 사람들과 남을 받아들이기를 두려워하는 배타적인 사람은 그 마음에 사랑이 없기 때문이다.

본디 사랑의 문은 대도무문이란 말이 있지 않는가.

"사람 위에 사람 없고 사람 밑에 사람 없다."

하느님 모습으로 창조된 인간은 다 귀하고 존엄한 존재라는 말이다.

인권 주일에 사용하면 좋은 말이다.

어느 날 자로가 공자에게 물었다

죽음에 대해서 알고 싶습니다.

삶도 아직 모르는데 어찌 죽음을 말하겠느냐?

자로가 다시 물었다.

귀신 섬기는 법을 말씀해 주십시오.

사람도 다 못 섬기는데 어찌 귀신을 말하겠느냐?

예수님 제자들이 하느님 아버지를 보여 주십시오.

나를 보고 나의 하는 일을 보고라도 하느님을 믿어라 하셨다.

예수는 하느님께서 보내신 당신 자신과 같으신 분이시기 때문이다.

무소유

무소유란 아무것도 갖지 않는다는 것이 아니라
불필요한 것을 갖지 않는다는 것.

— 법정스님

그래요.
우리는 너무나 불필요한 것들을 곁에 두지는 않는지요.

자립정신

노를 저어주면 잠깐의 행복은 주지만
노 젓는 법을 알려주면 오랫동안 행복을 향해 나아갈 수 있다.
유대인 격언 탈무드에는 이런 말도 있다.
물고기 한 마리를 주면 한 끼를 때울 수 있지만
물고기를 잡을 수 있는 법을 가르쳐 주면
그것으로 생계를 꾸릴 수 있다.

— 탈무드

그래요.
삶은 남이 살아주는 것이 아니라
자신이 개척해야겠지요.

예수님이 물 위를 걸으신 까닭

마리아 자매가 성지순례를 가서 갈릴레아 바다를 배로 건너게 되었다.

그런데 배삯이 한 사람당 무려 20달러나 되는 것이었다

왜 이렇게 배삯이 비싸냐고 하자 안내원이 답하였다.

"여기는 예수님이 물 위를 걸으신 바로 그곳이거든요!"

함께 성지순례에 갔던 바오로 형제가 말했다.

"오메 배삯이 얼마나 비쌌으면 예수님께서 물 위를 걸으셨을까?"

— 유머집에서

주일을 거룩히 지키는 닭들

양계장을 운영하는 한 여인이 있었다.

그녀는 성당에는 열심히 다녔으나 도무지 헌금에 대해서는 인색했다.

하루는 본당 신부님이 조용히 불러 말했다.

"우리가 가진 재물의 주인은 하느님이십니다. 수입의 십분의 일을 하느님께 드리는 것이 신자의 의무입니다."

여인은 진정한 표정으로 신부님의 설명을 듣고 이렇게 대답했다.

"신부님 이제부터는 주일에 낳은 달걀은 모조리 십일조로 내겠습니다."

여인은 그때부터 주일마다 수백 개의 달걀을 십일조로 냈다.

그런데 십일조로 내던 달걀이 수가 점점 줄어들더니 나중에는 하나의 달걀도 내지 않았다.

신부님이 다시 한 번 십일조를 강조하자 그 여인 이렇게 대답했다.

"신부님 저희 닭들은 요사이 주일을 거룩하게 지키기 때문에 주일에는 알을 낳지 않습니다."

신부님 왈 "주일에 닭들은 모이를 먹지 않나요."

— 어느 유머집에서

베드로의 병

베드로는 예수님을 배반하고 양심의 가책을 받아 심한 마음의 병을 얻게 되었다.

왜냐하면 이웃집에 있는 장닭이 새벽만 되면 울어댔기 때문이었다.

베드로는 예수님께 목숨을 다해 주님과 함께하겠다고 굳게 맹세한 적이 있었기 때문이다.

하루는 병을 고치기 위해 마을에서 유명한 한의사를 찾아갔다.

한의사는 진맥을 해보더니 처방전을 내주었다.

"삼계탕을 드시면 병이 낫겠습니다."

그런데 그 닭은 이웃집에서 우는 장닭을 드셔야 합니다.

그래서 고가의 닭값을 지불하고 삼계탕을 해먹었습니다.

병이 나았을까요 아닐까요?

병이 나았습니다.

왜냐하면 그날 저녁부터 닭이 울지 않았기 때문에 스트레스를 받지 않았습니다.

한의사는 베드로의 마음의 병이 되는 근원을 없애주었기 때문입니다.

우리도 삼계탕 먹으러 갑시다.

— 어느 유머집에서

넷

삶에 정답은 없다

지혜

지식은 공부하면 얻게 되지만
지혜를 얻는 방법은
어디서도 가르쳐주지 않는다.
지혜는 세월만큼만 자신이 터득해서 얻는 것이다.
누가 중대한 실수를 저질렀다 하더라도
지혜를 건졌으면 그것은 결코 헛된 것이 아니다.
똑같은 실수를 다시는 저지르는 일이 없기 때문이다.
그러니 선인들은 지혜를 찾아 고서를 읽고
스승들 밑에서 시중드는 일을 마다하지 않았단다.

— 지혜경

선택

순간의 선택이 십 년을 좌우한다는
상품광고가 있습니다.
기껏해야 십 년. 근력이 좋아야 70년
우리는 무엇을 선택해야 할까요.
영원을 찾는 길은 하늘 길뿐입니다.

노병老病

나이가 들면 입은 닫고 지갑은 열라는 말
나이 들어 욕심 부리지 말고 나누며 살라는 말이겠지.
그런데 그것이 맘대로 안 되는 것이 노병이란다.

— 자선주일에 사용하면 좋은 말

희망이란

희망이란
희망이란 본래 있다고도 할 수 없고
없다고도 할 수 없다.
그것은 마치 땅 위의 길과 같다.
본래 땅 위에는 길이 없었다.
걸어가는 사람이 많아지면
그것이 곧 길이 되는 것이다.

— 루쉰의 〈고향〉 중에서

불가능이란

내 허락 없이 누구도 나를 불행하게 할 수 없다.
너무 자신 있는 말 같아서 신선하지만
그 뜻을 이룬 사람이 몇이나 될까요.
누구는 자기 사전에 불가능이란 없다고 했는데
그도 이 말을 지키지 못해 귀양살이를 갔답니다.
그러니까 함부로 객기 부리지 마.

정답은 없다

삶엔 정답은 없다.
길이 다를 뿐이다.

그러나
긍정적인 쪽으로 생각하는 길이

정답에 가까울 뿐이다.

추기경과 대통령과의 만남

유신 때 김 추기경님과 박정희 대통령과의 면담에서
교회가 왜 노동문제에 개입하느냐는 대통령의 물음에
상품은 공장에 들어가면 값진 물건으로 나오지만
인간은 공장에 들어가 폐품이 되어 나옵니다.

— 교황 비오11세 회칙에서 인용함

가장 강한 사람

인생이라는 길
혼자만 험한 길을 걸어간다고 생각하지 마십시오.
언젠가 누군가가 그 길을 걸어갔고
앞으로도 그 길을 걸어갈 사람이 있을 겁니다.
나 혼자만이 세상에 버려졌다고 생각하지 마셔요.
누군가도 버려졌지만 다시 일어나서
지금 당당하게 살아가는 사람도 있답니다.

나 혼자만이 실패했다고 생각하지 마십시오.
누구도 실패했다가 다시 일어선 사람이 있었습니다.
생각해보면 사람 사는 것이 거기가 거기랍니다.

강한 자가 살아남은 것이 아니라
살아남은 자가 강한 자입니다.
인생은 무섭도록 냉정하기도 하지만
태양처럼 따뜻하기도 하답니다.

버나드쇼의 자기 비문

"살아도 산 것이 아니다.
갈팡질팡하다가 나 이럴 줄 알았지."
자기가 스스로 이 비문을 써놓고 죽었다네요.
그래 어떻게 보면 이 말이 맞는지도 모르지요.
생각도 갈팡질팡. 삶도 우왕좌왕.
어쩌다 보니 여기까지 왔드래요.
당신의 비문엔 무엇이라 쓸래요

옷걸이

옷걸이들 세상
옷이 명품이면 사람도 명품이야지
세탁소에 갓 들어온 새 옷걸이에게
고참 헌 옷걸이가 한 마디 하였다.
너는 옷걸이라는 것을 한시도 잊지 말기 바란다.
왜 옷걸이라는 것을 그렇게 강조했을까요.
잠깐씩 입혀지는 옷이 자기 신분인 양 교만해지는
옷걸이들이 많은 세상이니깐

어느 음식점에 식사를 하려고 들렀는데
옆자리에 앉은 여자 손님들이 호들갑을 떨며
명품 가방 명품 구두 명품 시계하면서
거기다 자식 자랑까지 신랑은 대화 메뉴에도 없더라.
아 너무 시끄러워 자리를 멀찌기 옮기고 말았다.
그들의 대화를 들어보니 온갖 지저분한 짝퉁 폐품이더라.

편견

편견을 깨지 않으면 편견의 노예로 산다.
사람은 습관을 익히는 데는 순간이지만
습관을 고치는 데는 평생이 모자랄 수도 있다.
그래서 세 살 버릇 여든까지 간다고 했던가.
편견은
사람을 죽이려고
살리기도 한다
나
오늘 편견을 내려놓고
백지상태로 살아볼까 한다.

보는 관점

어느 신발회사에서 두 사람이 아프리카로 신발 시장 조사를 다녀왔다는 이야기.

돌아와 보고하기를 한 사람은 신발을 신지 않는 사람들에게

무슨 신발이 팔리겠느냐며 부정적인 의견을 냈다.

다른 한 사람은 절호의 기회라고 긍정적인 보고를 했단다.

두 번째 사람의 의견은 이러했다.

우리가 지금부터 그들에게 신발을 무상으로 주면

그것이 얼마나 편한지를 알게 되면

그 뒤에는 대박이 날 것이라고 주장했다.

우리나라에 콜라와 햄버거 피자

그리고 인스턴트 식품은 처음엔 생소한 음식이었지만

이것에 맛들인 젊은이들은 억세게 먹어대고 있다.

차곡차곡 호주머니를 소리 안 나게 털어가고 있다.

젊은이들의 식생활 건강은 누가 책임질 것인가.

사업가는 인간의 건강보다는 눈앞에 돈만 보는 것이다.

여유

어느 시골 시내버스 정류소에 버스가 바로 떠난 뒤에 두 사람이 도착했다.

한 사람은 승려였고 한 사람은 시골 주부였다.

승려는 다음 차를 타기 위해서 너무 일찍 왔다고 생각하며 염주를 굴리며 기도하는 여유가 있었고 한 사람은 내가 좀 늦게 와서 차를 놓쳤다고 발을 동동 굴리며 호들갑을 떨었다.

똑같은 상황에서 어느 쪽이 여유 있는 삶일까요?

도전

어느 한 가지라도 묵은 잎을 달고
새봄을 맞이하는 나무가 있는가.
모두가 철따라 오고감 앞에 새잎을 피워야지.
젊은이들이여 도전하고 큰 꿈을 가져라.
그러면 무성한 나무로 강산을 푸르게 할 것이다.

— 어느 좋은 글에서

희망

절망의 끝자락에서도 씨앗을 뿌리고
다음 계절을 기다리는 것이 희망이다.
내일 세상 종말이 온다 해도
한 그루의 사과나무를 심는다는 교훈이지요.
그래요
희망이란 하늘 위의 태양이지요.

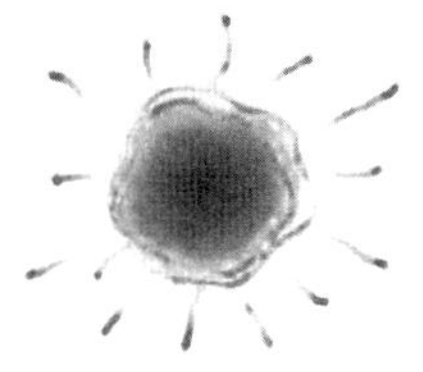

신부가 신부를 알아보지 못한 실수

나는 새 신부들을 보면 어느 본당 보좌냐고 묻는다.
물론 내가 사제 월례에나 새 사제들과 교류가 없어서
그런 것이니 나의 노력이 부족한 탓이다.
새 사제 서품 초청장이 오면 책상 앞에 놓고
한 달 정도는 얼굴을 익히지만 나가면 매번 실수다.
가끔씩은 이런 생각을 해본다.
주교님은 신부들을 어떻게 기억하고 관리하시나.
참 어려움이 많겠다.
사람을 다루는 데에는 자기를 알아준 상사에게 충성을
한다는 말이 있다.
나폴레옹 장군이 그랬고 학교 선생님은 출석부도 보지 않고
출석을 부를 정도면 존경할 만한 선생인 것이다.
그만한 관심이 확인된 셈이다.
나는 신자들 앞에서 자주 실수를 한다.
본명을 묻고 다시 만나면 또 묻고 좀 서운한 눈치가 보인다.
그래서 지금은 본명을 부르지 않고 형제님 자매님 하고
두리뭉실 부르는 게 부담이 없다.
일전에 어느 은퇴신부 본면축일에 갔었는데 많은 사람들이

왔다.

신부님은 그 사람 한 사람 한 사람들의 본명을 다 부르면서 인사를 해주었다.

나이가 들어도 보고 싶은 사람의 이름은 잊을 수가 없단다.

그 기억력 정말 부럽소이다.

— 은퇴신부 영면축일에 다녀와서

자유

어떤 사람은 자유를 갈망하며 죽어가고, 어떤 사람은 자유에 지쳐 쓰러진다라는 말이 생각난다.

자유는 준비된 사람

그것을 누릴 자격을 갖춘 사람만이 가질 수 있는 것이 아닐까?

자유를 갈망하는 사람들도 무제한 자유가 주어지면 그것을 주체하지 못할 때가 있더라.

포기와 실패

포기는 배추 가게에서 찾고,

실패는 봉제공장에서 찾아라.

인생을 실패했다고 포기하지 말라는 교훈.

청춘이여 그대는 젊음이라는 보물을 가지고 있지 않는가.

보물은 갈고 닦아야 빛이 나는 법

워터게이트 사건

1972년 미국 대통령 선거에서 공화당이 정권을 잡고 현직 대통령은 닉슨이었다.

공화당이 민주당 당사가 있던 워터게이트 건물 선거본부에 도청장치를 해서 민주당 내부의 대화 내용을 엿들었던 사건이다.

이 문제로 현직 대통령인 닉슨은 국회 탄핵 직전에 자진사퇴하는 미국 초유의 사건을 우리는 기억하고 있다.

미국 사회는 무능한 정치인은 용서하지만 거짓말하는 정치인은 용서하지 않는다.

우리는 거짓말을 밥 먹듯이 해대도 청와대와 국회를 잘 드나드는 사회가 되었으니 참 이상한 나라다.

국민을 우습게 보고 또 국민은 쉽게 잊어버리는 냄비 근성은 국민은 국민 수준만큼만 정치인을 뽑고 정치인은 국민 수준에 맞게만 정치를 할 수밖에 없다.

— 김대중 자서전에서

춘향전

기생도 사람입니다.

그러나 그 당시에는 기녀는 인권이 없었습니다.

기녀는 양반들의 노리개였습니다.

그런데 판소리 춘향전에 이런 내용이 나옵니다.

“기생은 자기 낭군을 위해 절개를 지킬 권리도 없다는 말인가. 양반이라고 해서 남의 유부녀를 멋대로 겁탈해도 되는가.”

당시로서는 목숨을 내놓고 바친 저항이었습니다.

춘향전은 서양의 〈로미오와 줄리엣〉이라고 할 수 있습니다.

그러나 춘향전은 차원이 훨씬 높은 가치를 가지고 있습니다.

단순히 사랑이야기가 아니라 민중의 인권과 저항이 담겨 있습니다.

로미오와 줄리엣은 그들의 사랑에 대한 외부의 간섭에 의해 좌절되어 목숨을 버렸지만 춘향전은 끝까지 싸워 사랑의 승리로 이끌어냅니다.

이것만으로는 로미오와 줄리엣의 비교가 되지 않습니다.

춘향전에는 신분과 가문을 뛰어넘는 민중들의 갈망이 담겨 있습니다.

— 김대중 자서전에서

제주 김만덕

제주 김만덕의 교훈

제물은 아래로 흘러가야 하느니라.
장사는 혼자 하는 것이 아니라 함께하는 것이다.

잘 익은 사람

음식이 발효되면
잘 익었다고 합니다

사람이 잘 익으면
진국이라고 합니다

곰팡이는 주변을
썩게 만들지만

유산균은 모두를
잘 익게 만듭니다.

나 자신이 곰팡이가 되지 않고
유산균이 되어 발효된 인간

잘 익은 사람이 되고 싶다.

— 어느 책에서

펄벅 여사는 무엇을 보았는가

노벨상 수상작 《대지》를 쓴 펄벅 여사가 우리나라에 왔을 때의 일이다.

펄벅 여사가 경주의 고적지를 보기 위해 기차를 타고 달리는데

창밖의 한 장면이 눈에 들어왔다.

한 농부가 볏단을 실은 소달구지를 몰고 가고 있었는데

농부의 어깨에도 적지 않는 양의 볏단이 얹혀 있었다.

이를 궁금하게 여긴 펄벅 여사가 수행원에게 물었다.

"저 사람은 소를 두고 왜 저렇게 힘들게 볏단을 지고 가는 것이오?"

수행원이 말하였다.

"소가 너무 힘들까 봐 거들어 주는 것이지요. 우리나라에서는 흔히 볼 수 있는 일이랍니다."

수행원의 말에 펄벅 여사는 고개를 끄덕이며 나직한 목소리로 말하였다.

"나는 한국에서 보고 싶은 것을 이미 다 보았다. 저 모습 하나만으로도 충분하다."

그 모습이 무엇일까요. 궁금하네요.

돈 돈 돈(돌아버리겠네)

돈은 없는 것보다 있는 것이 좋다.
그러나 바르게 쓰는 법까지 알고 있다면 더욱 좋을 것이다.
재물이 많으면 그만큼 걱정도 늘어나지만
재물이 전혀 없으면 걱정거리가 더 많다.
돈은 벌기보다는 쓰기를 잘해야 한다.
돈이 들어오는 곳은 잘해야 한두 곳이지만
돈이 나가는 곳은 너무 많기 때문에 구멍을 잘 막지 못하면
밑빠진 독에 물 붓는 꼴이 된다.

— 지혜경

다섯

러브콜

부모님께 존경을

평신도는 성직자나 수도자들의 독신생활을 동정하면서 위로해줍니다.

세상을 살고 보니 자식 키운 부모들의 노고에 비하면
독신생활은 큰 것이 아니랍니다.
부모의 고통은 백 가지라면 우리의 고통은 한두 가지뿐이지요.
자식은 축복도 되지만 때로는 짐이 되기도 하지요.
그러나 자녀가 많은 집이 자녀가 없는 집보다는 축복이지요.
가지 많은 나무에 바람 잘 날 없기도 하지만
가지 많은 나무에 열매도 풍성하지요.
무자식 상팔자라는 말은 좀 무책임해 보이네요.
자식들 키우느라 수고 많으셨습니다.
부모님들 존경합니다.
축복의 기도를
가정에 행복을 빌어드립니다.

꽃향기

무의무탁한 한 병사가 전장에 출정하면서 자신이 전사하면 찾아올 가족도 없는데 죽고 나면 시신 위에 꽃향기나 남기기를 바랐답니다.

그는 출전할 때 꽃씨를 한 움큼 가슴에 품고 다녔습니다.

그가 죽은 뒤 그 시신 위에 꽃무덤의 향기가 바람에 날렸답니다.

아 그 젊은이 공원 무명용사 탑에서 향기가 납니다.

— 경향잡지에서

김수환 추기경의 용기

6 · 10항쟁 시위 때
진압을 위해 명동성당 진입을 통보하러 온
공안 관계자에게 김추기경님의 경고 말씀.
경찰이 들어오면 제일 먼저 나를 보게 될 것이고
내가 쓰러지면 그 뒤에 신부들이 있을 것이고
신부들이 쓰러지면 그 뒤에는 수녀들을 볼 수 있을 것이다.
수녀들이 쓰러지면 그 뒤에는 신자들이 있을 것이고
그다음에야 학생들을 볼 수 있을 것이라고 했다.
이렇게 하여 명동성당 진입은 일단락되었고
학생들도 무사히 귀가시켰다.
추기경님 존경합니다.

천사가 찾아옵니다

아름다운 생각들
아름다운 생각으로 하루를 시작하십시오.
그리고 좋은 일이 있을 것이라고 자기 최면을 걸어 보십시오.
좋은 소식이 있을 것이라고 기다리십시오.
어느 날 나도 모르게 이루어졌음을 알게 될 것입니다.
그것이 오늘이 아니더라도 내일이 아니더라도 언젠가는
이루어지리라는 희망을 버리지 말라는 거지요.
언젠가는 천사가 그 길을 찾아 오실 것입니다.

여자와 어머니

한 여자가 어머니가 되는 순간
어머니는 하늘을 품고 사는 사람이다.
그러므로 어머니는 하느님 대신 자녀를 돌보고 계신다.
어머니!
당신은 당신 마음에 들게 아이를 키우고 있는지요?
아니면 하느님 마음에 들게 키우고 있는지요?

— 정채봉의 〈간장종지〉에서

인간 관계

고습도치 이야기
추운 겨울날 고슴도치 한 쌍은
날이 너무 추워서 서로의 몸을 비벼서라도
따뜻하게 하려 하였다. 그러나 가까이 하면 할수록
가시 때문에 어떻게 해볼 도리가 없었다.
그들은 하는 수 없이 서로 떨어져 매서운 추위를 견뎌야만 했다.
염세주의 철학자 쇼펜하우어의 인간 관계를 설명한 부분이다.
멀리 떨어져 있으면 쓸쓸한 것 같고
가까이 있으면 상처를 얻게 된다는 비유이지요.
유행가 가사가 생각나네요.
입에 쓰면 뱉어내고 입에 달면 삼키더니……

러브콜

연상의 여인들

내가 함께 살고 있는 성요셉동산 양로원 가족들은

나이가 많은 어르신들이다.

그런데 그들이 나에게 자주 러브콜을 한다.

외식하러 가자, 이야기 좀 하자, 심지어는 술 한잔하자 등등 내가 있던 여러 본당에서도 나를 기억해주고 찾아주신 분들도 어르신들이다.

가만히 생각해보니 내가 연상의 여인들에게 인기가 있나 보다.

아니면 만만해서인가.

지금 내 나이 칠학 년이 되었는데 이십 년 후에도 그런 러브콜이 있으려나.

— 요셉동산 요양 중에

어린이 백일 때 얼굴

어머니는 자식 백일 때 얼굴을
죽을 때까지 기억하고 있다고 한다.
어린이가 잠을 잘 때는 바로 천사의 모습이다.

부부가 좋을 때는 무촌이지만 때로는 남일 때도 있단다.
남편 얼굴에는 백일 때 얼굴이 없기 때문이다.
90노인 눈에 70아들은 귀엽게만 보인단다.
백일 때 얼굴을 기억하고 있기 때문이란다.
엄마는 죽을 때까지 엄마인 것이다.

— kbs 아침마당에서

나는 아직도 철부지

어느 텔레비전에 젊은 어머니가 몸이 아픈 어린이를 품에 안고 내가 대신 아파 줄 수만 있다면 그렇게라도 하고 싶다고 했다.

그러면서 눈물을 글썽거렸다.

어느 어머니나 다 그렇게 느낀 적이 있었을 것이다.

그런데 나는 아직 남의 아픔을 대신해 보고 싶은 생각을 해 본 적이 없다.

유행가 노랫말에 청춘을 돌려주오란 말이 있다.

나는 그런 욕심까지는 없다.

건강을 돌려달라고는 말하고 싶다.

예수님은 자신의 죽음까지도 내놓으셨는데 제자라는 이 사람은 내 몸 하나 살겠다고 이렇게 매달리는 꼴이 좀 우습기도 하다.

솔직히 말해서 오래 살고파서 그런 것은 아니다.

고통에 자신과 이웃에게 폐가 될까 봐서이다.

예수님은 젊은 나이에 돌아가셨기 때문에 부처님이 말씀하신 인생의 생로병사에 대해서는 여러 말이 없으셨다.

부처님은 오랜 삶의 세월 속에서 생로병사에 처절하게 경험을 통해서 여러 말씀으로 자신의 삶을 말씀해 주셨다.

예수님은 사랑을, 부처님은 자비를 그 길은 한곳에 모인다.

성숙한 인간

음식은 썩으면 부패되지만
누룩은 음식을 숙성시켜 준다.
사람도 이와 같아
부패된 인간은 냄새가 나지만
숙성된 인간은 붙일 맛이 난다.

낙하산 이야기

낙하산은 하자가 0%란다.
왜냐하면 낙하산을 만든 사람이 하나하나
직접 실험을 해야 하기 때문이란다.
그래 자기 죽을 낙하산을 만드는 사람은 하나도 없겠지.
세상에 모든 물건이 그런 마음으로 만들어진다면 살맛나겠네.

사랑

사랑에는
기쁨과 슬픔이 함께하는 것이니
그것을 감당할 수 있을 때
사랑을 시작하라는 말이 있다.
사랑은 가시와 향기가 있는
장미꽃인가 보다.

경주 최 부잣집의 교훈

재물은 천 석 이상 갖지 마라.
흉년에는 남의 토지를 매입하지 마라.
내가 사는 십 리 안에 밥 굶는 이는 없어야 한다.
나그네에게는 후하게 대접하라.

— 어느 좋은 글에서

우리가 서로 사랑해야 하는 이유는

세상의 강물을 나누어 마시고 세상의 채소를 나누어 먹고
똑같은 해와 달 아래 똑같은 그늘을 만들고 산다는 것이네.
우리가 서로 사랑해야 할 또 하나의 이유는
세상의 강가에서 똑같은 시간에 돌멩이를 던지며 운다는 것이라네.
바람에 나뒹굴다가 서로 누군지도 모르는 나뭇잎이나 쇠똥구리 같은 것으로 똑같이 흩어지는 것이라네.

— 문정희 시인 〈양귀비꽃 머리에 꽂고〉

소금인형

바닷물 100에는 3%정도의 염분이 들어있답니다.

3이라는 소금을 만들려면 97의 물을 증발시켜야 합니다.

출렁이는 물속에서 자신을 녹이고 드러내지 않는

소금이 있기 때문에 바닷물은 썩지 않습니다.

음식에 소금이 들어가지 않는다면 맛이 날까요.

소금이 녹지 않고 그대로 있다면 어떻게 될까요.

소금은 창백한 빛을 발해 유익해 보이지만

주어진 것에는 최선을 다합니다.

결코 내세우지 않으며 스스로 녹이고 있을 뿐입니다.

사랑이라는 것은 결코 자신을 녹여 빛이 되어 주는 것이 아닐까요.

— 인순혜 〈목마르거든〉

창문 밖 풍경

내가 창문을 열면 무성한 나무들이 보여요.

봄에는 꽃피고 여름에는 나뭇잎들이 무성해요.

그래서 나무는 꽃과 잎들로 우리를 즐겁게 해준답니다.

어느 날 서리 내리고 나뭇잎 우수수 떨어져 땅바닥을 굴렀답니다. 좀 서운했지요.

그러나 때맞춰 서리 내리고 단풍이 들었지만 그것도 잠깐이었지요.

나뭇가지 사이로 세찬 바람 소리를 내더니 겨울꽃이 피었답니다.

그래서 나무는 1년에 두 번 꽃을 피우지요. 이상한 게 또 있어요.

왜 나무는 꽃과 잎에 미련을 두지 않고

봄이 오기를 기다리는 인내와 여유를 보여 주지요.

인간인 나는 그동안에도 수없이 변덕을 부리며

내 마음 하나를 추스르지 못했는데요.

나무는 나보다 인내와 사랑이 많은가 봅니다.

부모가 자식에게 주고도 모자라 하얀 가슴만 보이고도 고독하지 않는 것은 뿌리가 아직 살아있음인가요.

자연은 하느님의 첫 작품입니다. 인간은 둘째 작품이고요.

마지막으로 하느님과 함께 만들어야 할 합작품이 하나 남아 있습니다. 그것은 우주를 지키는 참사랑입니다.

— 고향 집에서

중요한 것은 실천이지요

중요한 것은 실천이지요

재물을 얼마나 많이 가지고 있느냐가 아니라
그 재물을 얼마나 많이 나누었느냐가 문제고요,
얼마나 많은 구호를 외쳤느냐가 아니라
얼마나 많은 약자들과 함께 있었느냐는 것입니다.
진정 더 중요한 것은
성경을 얼마나 많이 읽었느냐가 문제가 아니라
얼마나 성경 말씀대로 살았느냐입니다.
누가 눈물을 많이 흘렸느냐가 문제가 아니라,
얼마나 다른 사람의 눈물을 닦아 주었느냐입니다.
누가 진리를 통달했느냐가 아니라
진리대로 투신하며 살았느냐입니다.
좋은 말이라서 그렇게 살려고 노력해 보겠습니다.

— 어느 좋은 글에서

어부바

엄마 치맛자락 따라 나설 때
엄마 등이 그리워 칭얼거리면
엄마는 내 새끼 다리 아프지
어부바 어부바 하셨지요.
양푼만 한 엄마 등은 항상 따뜻했고
나는 금세 잠이 들곤 했지요.
어머니 등은 나의 유모차였지요.
지금은 듣기도 어려운 말
어부바 어부바 말만 들어도
어머니 등이 그립습니다.

마음이 온유한 사람(의로운 사람)

미국의 16대 대통령인 링컨의 일화다.

남북전쟁 당시 링컨은 참모총장과 작전문제로 의견 대립을 하고 있었다. 이 둘은 서로 자기가 내세운 작전이 낫다고 주장하며 한 치의 양보도 하지 않았다.

그러던 중 링컨은 독단적으로 자신의 작전을 강행해 버렸는데 아깝게도 작전이 실패로 돌아가 많은 희생자가 발생했다. 이에 화가 난 참모총장에게 링컨은 비서를 시켜 메모를 보냈다. "I am sorry"라고 적혀 있었다. 메모를 받아본 참모총장은 "멍청이 녀석"이라고 욕을 했다. 링컨은 비서에게 물었다. "그래 쪽지를 받고 총장이 뭐라고 하던가?"

비서는 주저했지만 차마 거짓말을 할 수가 없어서 사실대로 말하였다. "멍청이 녀석이라고 말하였습니다." 비서는 긴장하였다.

비서는 링컨이 화를 낼 것이라고 예상했던 것이다. 그런데 의외로 껄껄 웃더니 이렇게 말했다.

"하하하. 그 사람 사람 하나는 잘 보는군." 이것이 중용이다. 링컨은 이런 소리를 듣고도 성질을 내지 않았다. 왜 스스로 생각해도 멍청한 놈이었으니까? 자신을 객관적으로 볼 줄 아는 능력 이것이 바로 "의"다. — 어느 잡지 기사에서

여섯

유혹은 여기까지만

유혹은 여기까지만

남을 함부로 위로하지 마라.
당해보지 않은 사람은 그 마음 모른다.
육체의 아픔 정신적인 갈등 영혼의 공허
차라리 자기를 사랑할 줄 알아야 되나니
나도 죽고 싶을 때도 있었다.
그것도 하루에 몇 번씩이나
유혹에 빠지지 않게 해달라고 기도도 해보았다.
왜 이리 삶이 고달픈지 모르겠다.
요사인 나의 상전은 해묵은 몸뚱이다.
그래도 여기까지 버틴 것은
목숨이 아까워서가 아니라
생사는 내 맘대로가 아님을 알고 있음이라.
또한 병 때문에 쓰러진 사람도 많지만
병과 싸워서 이겨낸 사람도 많다는 것을 알기 때문이다.
유혹은 여기까지만.

— 요양 중 고향집에서

두렵네요

무병 불로장수 하라는 말은
우리 주위에 많이 회자되는 말이지요.
어찌 생로병사를 피할 수 있을까
내일이 즐겁지 않은 하루
얼마나 오래 살았느냐가 문제가 아니라
어떻게 행복하게 사느냐가 문제이지요.
백 세 시대라는 말이 반갑기보다는 두렵네요.

탓하지 마라

세월을 탓하지 마라
인생도 탓하지 마라
세상도 탓하지 마라
운명도 탓하지 마라
누구도 탓하지 마라
공평하게 오는 거란다.

하루를 덜기 위하여

온종일 잔디밭에서 풀만 매는 저 할머니
태어나서 농사일로 이골이 났다고는 하지만
저 불편한 몸으로 그 일이 제일 편한 시간이란다.
나는 안다.
하루를 덜기 위함이란 걸.
나는 더 이상 그 이유를 물을 수가 없었다.

— 요셉동산 양로원에서

누가 그 해답을 준다면

행복하게 살 권리가 있다면
행복하게 죽을 권리는 없는 것인가.
누가 그 해답을 준다면……

노부부의 휠체어

양로원이라고 온종일 방에만 있는 것은 아니다.
날씨가 좋으면 일광욕을 하기 위해 양지바른 곳에 모인다.
부부가 있는 사람은 휠체어에 태우고 일광욕을 해준다.
혼자 된 노인들은 그들을 물끄러미 바라본다.
나도 거들며 말을 걸어본다.
좋아 보입니다. 젊었을 때도 이랬습니까.
아닙니다. 젊었을 때는 속 깨나 썩였지요.
지금이라도 잘해주고 싶어서입니다.
할아버지 할머니 행복해 보입니다.
아무 말 없이 씽긋이 웃고 만다.
늙고 보니 챙겨주는 이는 부부뿐이더라.

— 요셉동산 양로원에서

세월 가면 다 그래

내가 있는 양로원에는 95세나 되는 할머니가 계신다.

이곳에서 제일 연장자이고 제일 건강하시다.

할머니는 식사도 잘하고 건강도 기억력도 좋아서

제철에 씨앗 뿌리는 일을 챙기는 데는 이 집에 주인이시다.

하루는 허리에 붕대를 감고 의자에 앉아 있기에 어디 아프시냐고 물었더니 며칠 전 손자 놈이 와서 반갑다고 허리를 안아준다는 것이 갈비뼈가 부러졌단다.

이걸 어쩌나 노인의 몸은 살살 다뤄야 되겠지요.

효가 불효가 되었군요.

흙으로 지은 몸이 세월 가 부식이 되었나 봅니다.

— 요셉동산 양로원에서

돈의 위력

어느 병원에 간 이식 수술을 기다리는 두 사람이 있었답니다.

돈이 있는 사람은 수술을 받아 집에 돌아갔지만 돈이 없는 사람은 영안실에 누웠답니다.

돈!

사람을 살리기도 하고 죽이기도 하는 무서운 존재랍니다.

— 유머집에서

삶은 운명이다

살기가 죽기보다 어렵고

죽기가 살기보다 어렵다는 말은 자주 듣는 소리다.

그럼 사는 것도 죽는 것도 쉽지만은 않단 말인가.

그래도 살려고 하는 까닭은……

나는 모른다.

이것은 선택이 아닌 운명이 아닐는지.

구름 위에 별은 반짝이고

나는 하늘에 별 하나만 있더라도
그 빛에 반해 살고 싶다.
그런데 요사이 별빛이 흐려지는구나.
구름이 걷히면 별빛은 볼 수 있는데
내 육신의 병마는 언제나 걷힐 건가?
그래도 구름 위에 별이 빛나고 있음을 믿고 산다.

— 고향집 투병 중에서

병문안

병문안을 오는 것은 고마운 일이지요.
그러나 때로는 똑같은 질문과 대답
단잠을 자고 있는 환자를 깨우는 것은 실례이지요.
그래서 나는 병문안을 가서 손을 잡아주고
조용히 속으로 기도만 합니다.
때로는 눈물을 보이지 않기 위해서
오래 머물지 않고 병실을 나옵니다.
병문안은 체면 인사가 아닌 마음의 기도지요.

요새 탈장 수술한 사람들이 많다는데

세상이 하도 기막힌 사연이 많으니 배가 안 꼬이면 정상이 아니지요.

그 사람 사촌이 얼마나 논을 많이 샀으면 내장이 꼬였을까?

요사이 쓸개 없는 사람도 많다고 하던데……

세상이 얼마나 아니꼬았으면 쓸개까지 고장났겠는가?

세상사 아무리 꼬이더라도 우리는 아파서 병원에 가지 말자.

이기적인 기도

나는 얼마 전까지만 해도 고통을 없게 해 달라고 기도했다.

그런데 지금은 고통을 극복할 수 있도록 기도하고 있다.

불로 무병장수란 불가능한 것임을 알고 있기 때문이다.

불가능한 것에 매이지 말고 가능한 것을 찾는 것이 현명한 선택일 것이다.

피할 수 없으면 즐기라는 말도 있다.

사실은 나도 말은 이렇게 해보지만 닥쳐 보면 실행은 어렵더라.

말하기도 부끄러운 분심들

나는 몇 년 전 수술 후유증으로 지금까지 고통의 연속이었습니다.

한때 불면증과 우울증이 심해서 온종일 분심으로 지낸 날들이 많았습니다.

우울증을 잊어 보려고 무리한 산행도 해보고 책을 들고 밤을 새기도 했습니다.

약물로도 도움을 청해보고 술로도 밤을 지새보고 텃밭에서 잡초도 뽑아보고 낚시터에 가서 낚싯대만 담가놓고 하루해만 낚아보기도 여러 번이었지요.

친구 따라 골프장에도 나가봤지만 시간 때우는 잠깐의 시간들 이었습니다.

운전도 몇 시간씩 해보고 사람을 만나기 위해 볼일도 없으면서 시장도 어슬렁거려보고 수영장에 가서 개헤엄 치다가 구정물도 먹어보고 백화점 위층에서 아래층까지 아이쇼핑만으로 한나절 보냈고요.

취미 없는 극장에도 가보고 끝없는 길을 걸어보기도 했지요.

밤새도록 TV 앞에서 리모컨만 만지작거리며 생각 없는 하루를……

그러나 병은 잡히지 않고 악몽으로 삶은 고통의 연속이었습니다.

기도는 분심으로 잘했다고 말할 수가 없습니다. 부끄러운 고백이지요.

그리고 불면의 밤은 두려움의 시간이었습니다.

사제로서 할 말은 아니지만 깊은 잠에서 깨어나지 않기를 여러 번 생각도 해 보았습니다.

참으로 비참한 생각이라고 보여집니다. 부끄러운 죄인이지요.

생각할 수 있는 모든 것들을 다 생각해 보았습니다.

세상의 삶이 괴로움이란 말을 느낀 순간들이었지요.

부처님의 인생고를 묵상해보는 시간이기도 했습니다.

병원을 제 집처럼 들락거리며 환자복을 입고 병원 복도를 어슬렁거리며 남의 병실도 기웃거려보고 한밤중에 구급차에 실려 응급실에 가기도 여러 번 정말 끔찍한 순간들이었습니다.

죄 없는 혈관에 주사로 찔러대고 부모님이 주신 귀한 몸에 칼질도 여러 번이었답니다.

또한 한의원을 들락거리며 침으로 온몸을 쑤셔대 보았지만 그날이 그날이고 보니 어찌해야 합니까.

책을 읽다가 박완서님의 〈호미〉 중에서 이런 글을 보았습니다.

젊었을 적에 내 몸은 나하고 가장 친하고 만만한 벗이더니 나이 들면서 차차 내 몸은 나에게 삐치기 시작했고 늘그막에는 내 몸은 내가 한평생 모시고 길들여진 나의 가장 무서운 상전이 되었다.

내가 지금 그 꼴이네요. 어쩜 좋습니까.
영혼과 육신이 상전의 자리가 바뀌어 갑니다.
저는 질병 앞에 약점이 많은 사람임을 고백합니다.
그러나 지금은 겨우 사람 구실을 하고 있습니다.
하느님께 감사할 뿐이지요.
누가 지금 나와 같은 고통을 당하고 있다면 도와주고 싶습니다.
동병상련이라고 했던가요. 기도해주고 싶습니다.

주여 모든 환우들에게 치유의 자비를 베풀어 주소서.

주여 죄인에게도 자비를 베풀어 주소서

그동안 잘못된 생각들을 용서해 주소서.

— 고향집 투병 중에서

행복 불행 함부로 말하지 마라

행복 불행이란 이런저런 이야기를 하지만 질병 앞에는 위로가 못 된다.

그래도 한 가지 희망이 있다면 자신을 받아들이고 또한 세월도 받아들이는 것이다.

어찌 뜨는 해와 지는 해를 거부할 수 있으랴.

너도 한번 그 자리에 서 보아라. 그런저런 말이 나올 수 있는가.

살기가 죽기보다 힘들다는 말을 들어 보았는가.

그러면 죽기가 살기보다 힘들다는 말도 들어 보았겠지.

어차피 세상에 떨어진 몸 죽을 때 죽고 살 때 살더라도 인생을 함부로 살지 말자.

인생은 수수께끼요 신비로운 것이다.

그렇다면 한 번 온 인생이니 마지못해 피는 꽃이 되지 말고

세상에 향기를 주는 꽃으로 피어보자.

— 서울대학병원 입원실에서

솔직한 고백

사제라는 제도권을 벗어나 자유로운 세상에 훨훨 날아가고픈 때도 있었다.

빨리 은퇴해서 그렇게 살고 싶었는데 병마가 그 길을 막더라.

몇 년 고생하고 지금 몸을 추스르고 나니 그런 생각이 솔솔 난다.

나이가 들면 건강이 따라주지 못해 가고 싶은 곳에도 못 가고 자유롭지 못하니 지금부터라도 한번 시도해 볼까 생각해 보지만 이제는 자신감이 없어 보인다.

이 사람아 언젠가는 돌아올 일을 너무 조급하게 서둘지 마라.

— 금암성당 부임하고 나서

내 곁에 형제가 있어…

내가 몸이 아프고부터는 왜 이리 마음이 약해지는지 모르겠다.

누군가가 내 아픔을 이해하고 도움이 될 사람을 찾고 있었다.

위급할 때 달려와 줄 사람, 전화 한 통화면 언제나 달려올 사람. 이리저리 생각해 보니 그래도 형제뿐이었다.

그 형제가 내 바로 아래 아우다.

생각해 보면 모든 것을 주고도 아깝지 않을 귀한 사람이다.

요사이 형제 없는 집이 많다.

부모들이여 나중에 후회 말고 생각 좀 해 보시게.

세상을 살고 보니 형제는 나의 울타리니 형제 있음을 자랑한다.

하느님은 계시지만 멀리 계셔 차를 몰고 오시지 못하신다.

더 이상은 아프지 말아야 다른 사람에게 신세를 지지 않을 텐데.

주님 멀리 계시지만 제 기도를 들어 주십시오.

나로 말미암아 다른 사람에게 신세를 짓지 않게 도와주소서.

— 고향집 휴양하면서

푼수는 행복해

젊어서는 목에 힘을 주고 살았다.
웃기보다는 근엄한 척했고 아무 데서나 웃는 사람을
웃음이 헤프다고 꾸짖기도 했다.
지금 생각해 보면 그 사람은 정신 건강이 양호하고
나는 엉망이다.
나는 푼수이고 싶다.
생각해 보니 진짜 푼수는 바로 내 자신이었다.

자동차 핸들이……

한때
난 병원으로 출근했지요.
의사냐고요.
아니면 간호사냐고요.
아닙니다.
종합병원 고객이랍니다.
병원을 우리 집처럼 들락거리다 보니
차만 타면 핸들이 그쪽으로…….

일곱

그래 웃어주자 너도 살고 나도 살자

고백성사로 유명한 신부

하루에도 신부 수녀 수십 명씩 찾아왔답니다.
그 이유는
고백신부가 귀가 어둡기 때문이었다네요.
하느님이 아직 보청기를 끼셨다는 말은 들은 적이 없는데.

착각의 행복

착각해도 좋은 것 한 가지
내가 가장 행복하다고 생각하며 푼수로 사는 것.
나는 한때 이런 사람을 푼수라고 조롱했죠.
그런데 살고 보니 그가 가장 행복한 사람이었습니다.

옵션 없는 단순한 세상

요사이 전자 제품을 사면 나에게는 필요 없는 옵션 때문에
사용에 불편을 주고 있다.
사용하지도 않으면서 그 값을 지불하는 것이 더 억울하다.
세상사도 나에게 필요 없는 옵션 때문에 불편할 때가 많다.
왜 이리 복잡한지 옵션 없는 단순한 삶을 살고 싶다.
그래서 나는 은퇴하면 시골에 가서 살고 싶다.
그 뜻이 이루어지기를 기도하며 살고 있다.

치과의사

요사이 치과의원들이 많이 보인다.
수학 교수와 의대 아들 간의 대화다.
아버지 저는 어떤 과에 가야 좋겠습니까?
치과에 가라고 했다. 그 이유를 물으니
인간의 장기는 하나뿐이지만 치아만은 그 수가 많으니
치료 확률이 많다는 계산이었다.

— 유머집에서

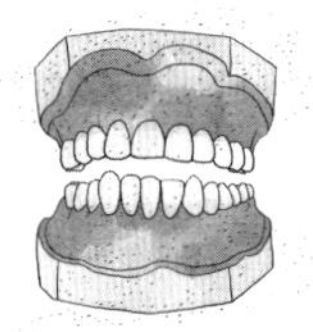

아버지 직업

어느 날 선생님이 가정환경 조사를 하면서
한 아이에게 아버지가 무엇을 하느냐고 물었다.
아이는 교도소에 계시는데요 라고 대답했다.
약간 놀란 선생님은 조심스럽게 아이에게 물었다.
아버지가 무엇을 잘못해서 거기에 들어가셨나요.
아닙니다.
법무부 시험쳐서 어렵게 들어갔는데요.

— 유머집에서

어느 가축 농가의 한숨소리

요사이 축산업자들이 가축수입 문제로 마음고생이 여간 아니라고 생각된다.

소를 키우는 가축업자는 사료 값이 올라 타산이 맞지 않다는 것이다.

그래서 하는 말, 소가 사료를 먹는 것이 아니라 사료가 소를 먹는다고 한다.

그런데 정육점에는 소고기 값이 떨어졌다는 말이 없더라고요.

농 · 수산산물도 마찬가지다.

산지에서는 헐값으로 출하하는데 시장에서는 항상 그 값이고 이거 하나 조절 못하는 정부는 지금 뭣 하는 것이여.

특별 건망증

남에게 빌린 돈은 잊어먹고
반대로 받을 돈만 기억하는 사람.
웃기는 건망증 환자.

책방 배려

책방에서 책을 눕히기는
처녀를 눕히기보다 더 어렵다는 서점이야기.
책방에 책90%는 책꽂이에 세워져 있다.
내 책도 언젠가 유명서점에서 누워봤으면.
오늘 서점에 들러 보았더니 내 책도 누워 있더라.
다음 책도 서점에 누워 있는 책을 쓰고 싶다.
나는 눈길을 주며 행복한 미소를 짓고 서점을 나왔다.

웃어주자

행복해서 웃는 것이 아니라 웃다 보면 행복해진다고.
그래서 요사이 개그 코미디 프로가 뜨는 거야.
코미디언들은 남을 웃기기 위해 죽을 지경이라는데
그래 웃어주자 너도 살고 나도 살자.
웃음으로 건강도 찾고 복도 받아요.

가장 먼 거리

이 세상에서 가장 어렵고 가장 긴 여행길은
머리에서 가슴까지의 거리라네요.
생각은 있지만 행동으로 실천한 일은 별로 없었지요.
그래요.
지금부터라도 그렇게 살아 보려고요.

추기경 유머

평소 외국어 실력이 대단하신
김수환 추기경에게 기자들이 물었다.
추기경님께서 라틴어 불어 영어를
잘하신다는 말을 들었습니다. 하고 묻자
몇 나라 말을 하기는 하는데 인사하는 정도죠.
또 잘하는 말이 하나 더 있긴 있는데……
거짓말입니다. 하하하 농담도 수준급이랍니다.

— 추기경님 사랑합니다

잠깐만요

다른 사람이 그렇게 하면 볼썽사납지만,
내가 하면 단지 긴장한 탓이지.
남이 자기식대로 하면 고집불통이요,
내가 그리하면 단호함이지.
남이 아부를 하면 손을 좀 비벼대는 것이고
내가 그렇게 하면 머리를 쓰는 것이다.
그가 잘못을 끄집어내면 까다로운 것이고
내가 그러면 분별력이 있는 것이다.
남이 연애를 하면 불륜이요,
내가 하면 로맨스지.
남이 입술을 맞추면 입냄새고요,
내가 입술을 맞추면 꿀냄새라네요.
그래서 술 중에 가장 좋은 술은
입술이라네요.
기가 막혀서

잠깐만요
남이 시간에 늦게 오면 게으름이요,

내가 늦음은 시간이 없어서지요.

남이 과속운전을 하면 난폭운전이고요

내가 어기면 바빠서지요.

남이 신호위반을 하면 색맹이냐고 따지고

자기가 하면 잠깐 사이였다고 해요.

남이 주차단속에 걸리면 당연한 것이요,

내가 걸리면 재수가 없었다나요.

남이 음주운전에 걸리면 큰일날 사람이라고 하면서

자기는 음주운전에 걸리고 또 재수 없었다네요.

남이 차를 오래 굴리면 저 사람 유행도 모르는군.

내가 오래 타면 이 정도 검소해야돼.

남이 새 차를 뽑으면 벌이도 없는 주제에 하면서

내가 새 차를 뽑으면 이 정도 유행에는 기본이야.

남이 세차를 하고 다니면 파리가 낙상하겠어 하고,

자기 차를 세차하면 차와 여자는 가꾸어야 값이 나간다고 하네요.

이 말은 맞는 말이에요.

잠깐만요
남이 지갑을 열지 않으면 구두쇠 노랭이요,
내가 지갑을 열지 않으면 근검절약이지요.
남이 돈을 헤프게 쓰면 낭비벽이요,
내가 헤프게 쓰는 것은 통큰 사람이라고 하네요.
남이 큰 차를 타면 허영이고,
자기의 큰 차는 품위유지라네요.
남이 골프를 치면 사치요,
자기는 건강을 위한 운동이란다.
남이 명품 옷을 입으면 사람이 옷거리 탓이요
자기가 명품 옷을 입으면,
옷거리가 이 정도는 돼야지 하면서 거울만 쳐다보더라.

잠깐만요.
남이 돈 받으면 포괄적 뇌물.
내가 받으면 빌린 돈.
내가 받으면 선물.
남이 받으면 뇌물.

내가 해외여행하면 견문을 넓히는 시찰이고,
남이 하면 사치성여행 외화낭비.
내가 자녀 학원에 보내면 교육열이고,
남이 보내면 불법과외지.
남이 내숭을 떨면 깍쟁이,
내가 내숭을 떨면 수줍음이지요.

오염

어느 수영장에서 신부 목사 승려 교수 그리고 정치인이 수영을 하다가 네 사람이 빠져 죽을 위험에 있을 때 누구를 먼저 건졌겠습니까?

정치인를 제일 먼저 구했답니다.

왜냐구요? 물이 오염될까 봐서라네요.

어느 말재주꾼의 재치가 돋보이네요.

그 말이 맞는 말이기도 하고요.

— 유머집에서

건망증 1

어떤 사람이 편지를 부치러 우체국에 갔다가
편지 대신 손에 든 자동차 키를
우체통에 넣었단다. 이 정도면 좀 심하지 않나요.

— 유머집에서

건망증 2

누군가에게 전화를 했지만 상대방의 목소리가 들리자
누군가에게 전화를 했는지 생각나지 않아
그냥 끊고 말았다네요.

— 유머집에서

거시기한 말

요사이 황혼에 재혼하는 여자들이 바라는 결혼 대상자 우선 순위는 좀 거시기한 말이지만 돈 많고 명 짧은 남자라네요.

나도 남자라서 좀 씁쓸하네요.

— 유머집에서

자선 헌금할 때 한 번만 써먹자

남자의 힘은 지갑에서 나온다.
여자의 힘은 동정에서 나온다.
나는 이 말에 동의하지 않는다.
그러나 딱 한 번 써먹어도 좋을 때가 있다.
본당에 구호모금을 왔을 때
지갑을 열라고 한 번쯤은 용기를 내본다.
남을 돕는 데는 세종대왕님이 제일 좋아하신다.
더 용기를 내어 신사임당님도 괜찮다.
그날 바구니가 풍성했단다.

어느 사오정 이야기입니다

사오정은 강연을 자주 다니는 한 대학교수의 운전사로 5년째 근무하고 있다.

그는 수십 번이나 똑같은 강연을 들었기 때문에 그 교수의 강의는 외울 지경이었다.

어느 날 강연장에 도착하자마자 교수가 배탈이 나서 교수는 화장실로 뛰어갔다.

다급해진 교수는 사오정에게 대신 강의를 하라고 부탁했다.

서당 개 3년이면 풍월을 읊는다고 했는데 나도 5년이나 교수님 밑에서 이것저것 들었으니 할 수 있다는 자신감을 가지고 강단에 올라갔다.

성공이었다. 아니 명강의였다. 교수 이상으로 명강의였다.

밑에서 지켜보고 있던 교수도 박수를 보냈다.

그런데 한 가지 곤란한 문제가 생겼다.

청중 한 사람이 "선생님 질문 있습니다." 하고 질문을 했다.

사오정은 당황되었다.

강의는 외워서 했지만 질문은 의외로 자기가 대답하기에 어려운 질문이었다.

이때 사오정은 재치를 발휘하여 이렇게 대답했다.

"좋은 질문입니다. 지금 내가 강의를 하고 좀 피곤하니 그런 정도의 질문은 우리 운전기사도 충분히 대답할 수 있습니다. 김 기사 올라와서 이 질문에 대답할 수 있겠소."

교수는 단상에 올라서 아주 명확한 답으로 많은 박수를 받았답니다.

그래서 그 강연은 아주 성공적인 강연이었답니다.

사오정의 재치가 돋보이는 내용입니다.

— 유머집에서

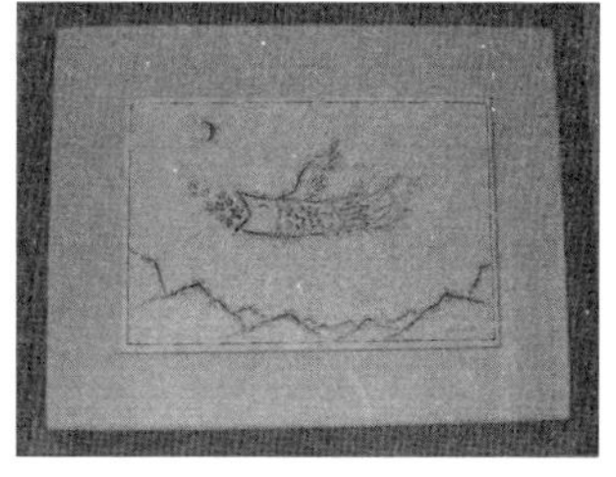

내기를 하는 것 같지는 않으신데

골프장에서 생긴 일입니다.

앞 조의 부부 팀이 진행이 너무 느렸습니다.

심각하게 골프를 치고 있었습니다.

프로처럼 규칙에 철저했고 서로 지지 않으려고 최선을 다하는 모습이었습니다.

아무리 보아도 돈이 오가는 내기는 더욱 아니었습니다.

휴게실에서 조심스럽게 물어 보았답니다.

내기는 하지 않으신 것 같은데 왜 그리 심각하게 치시는지요.

그러자 한 사람이 말했습니다.

우리는 형제간인데 지는 편이 부모님을 모시기로 하는 시합이었답니다.

아 그래서 그렇게 심각하게 치셨군요.

그럼 누가 이겼나요. 오늘은 비겼습니다.

내일 와서 또 승부를 걸어 볼 겁니다.

피나는 형제간의 혈투가 되겠군요. 뭔가 씁쓸하네요.

— 어느 골프잡지에서

모순

우리가 잘 아는 초나라 무기상의 말을 들어보자.
내가 만든 창은 어떤 방패도 뚫는다.
다시 말하기를
내가 만든 방패는 어떠한 창도 막을 수 있다.
어떤 사람이 말하기를
당신의 창이 당신의 방패를 뚫는다면
어떻게 되겠는가.
무기상은 할 말이 없었다.
세상일이 이와 같이
자기주장만 옳다고 우기는 어리석은 사람들이 많다.
세상엔 이런 사람들이 많으면 피곤하다.
따지고 보면 세상엔 결론은 없다.
그리고
우주만물은 인간이 다스리는 영역이 아니다.
현자나 지식인 종교인들 과학자 또는 정치가들의 말
때에 따라서는 모순되는 부분이 많다.
인간은 자체가 모순투성이기 때문이다.
공격과 방어 바로 창과 방패의 괴변일 뿐이다.
인간에게는 결론은 없다.
그냥 이야기될 뿐이다.

신부님의 휴대폰

어느 성당에서 있었던 일입니다.

강론 때마다 핸드폰 울리는 소리에 신부님께서 짜증을 내셨답니다.

그런데 어느 날 강론을 열심히 하고 계셨는데 또 삐리리 하고 핸드폰 소리가 성당 전체에 펴지고 있었습니다.

한참을 울리는데도 도무지 소리가 멈추지 않았습니다.

교우들은 누구야 누구야 하며 웅성거리고 신부님께서는 짜증을 내기 일보 직전이었습니다.

그런데 그 휴대폰은 바로 신부님 주머니 속에서 울리고 있다는 걸 뒤늦게 아신 것입니다.

신부님의 그 다음 멘트에 강론을 열심히 듣고 있던 교우들은 모두가 뒤집어졌습니다.

휴대폰 뚜껑을 열고 신부님 왈

"여보세요 성모님이세요? 지금 제가 강론 중이거든요. 미사 끝내고 곧바로 성모님께 전화 드리겠습니다. 네네, 네, 네, 30분 후면 미사가 끝납니다. 네, 네, 꼭 전화 올리겠습니다. 감사합니다."

— 유머집에서

사제는 누구인가?

사제여 그대는 누구인가?
그대는 그대로부터 온 것이 아니니
그대는 무無로부터 왔느니라.
그대는 그대를 향하여 있는 것이 아니니
그대는 하느님을 향하는 중재자이니라.

그대는 그대를 위하여 있는 자 아니니
그대는 하느님을 위하여 살아야 하느니라.
그대는 그대의 것이 아니니
그대는 모든 이의 종이리니.
그대는 그대가 아니니
그대는 또 하나의 그리스도니라.
그러면 그대는 무엇인고?
사제여 !
그대는 아무것도 아니며 모든 것이니라.

— 〈사제는 누구인가〉란 글에서

총회장님의 골절상

미사 후 공지사항 때 사회자가

교우 여러분께 알려드립니다.

본당 총회장님께서 오늘 낮에 성당 계단에서 넘어져 골절상을 입었답니다. 지금 병원에 입원 중입니다.

기도 부탁드립니다.

바로 이어 마침성가는 416번

〈좋기도 좋을시고〉를 다함께 부르시겠습니다.

— 유머집에서

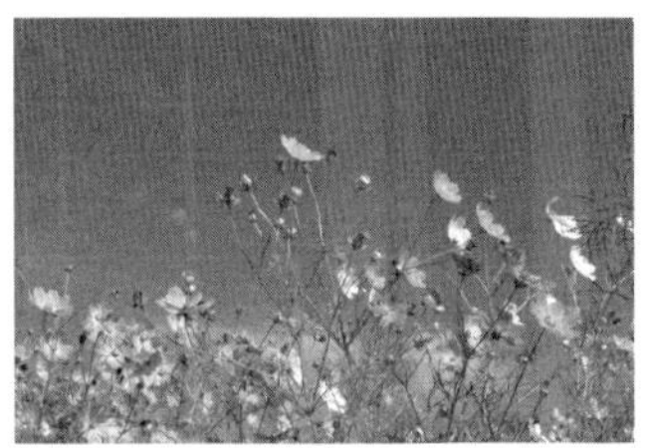

하와의 의심

언제부터인가 하와는 남편을 의심하기 시작했다.

하루는 아담이 여기저기를 돌아다니다가 밤늦게 돌아왔다.

그러자 하와는 매우 화가 나서 소리를 쳤다.

하와 : 당신에게 다른 여자가 생겼죠!

아담 : 그게 무슨 소리야? 이 세상에 여자라고는 당신뿐이지 않소?

하지만 하와의 의심은 끝이 없었고 언쟁은 잠들 때까지 계속되었다.

잠이 든 아담은 누군가 옆구리를 더듬는 느낌에 잠에서 깨어나 보니 하와였다.

아담 : 당신 안 자고 뭐하는 거요?

하와 : 말 시키지 말아요! 지금 당신 갈비뼈 숫자를 세고 있으니까!

— 유머집에서

예수 믿는 사람들 나쁜 사람들

어떤 사람이 극도로 절망한 상태에서 "예수를 믿어보자."며 제 발로 성당에 갔다

그는 바로 그날 미사 때 신부님의 강론에 하느님의 은혜를 깊이 체험하게 되었다.

감격의 눈물과 뜨거운 미사를 마친 그는 성당을 나가며 말했다.

"예수 믿는 사람들 나쁜 사람들! 그 좋은 예수를 혼자만 믿고 전하지도 않고 말이야."

— 유머집에서

당신은 뭐하는 사람이오?

공산당원이 예수 믿는 사람들을 골라
즉결 심판에 넘기고 있었다.
한 신부는 차례를 기다리며 하느님께 기도했다.
하느님 어떻게 해야 합니까?
바로 응답이 왔다.
"염려하지 마라."
드디어 신부 차례가 되어 공산당원이 물었다.
"당신은 뭐 하는 사람이오."
사제가 자신있게 답했다.
"나는 약을 파는 약장수요."
공산 당원이 재차 물었다.
"무슨 약을 파시오."
"나는 구약과 신약을 팝니다."
무슨 약인지 몰라 골똘히 생각하는 척하다가
공산당원이 말했다.
"돌팔이군. 통과."

— 유머집에서

청산유수 같은 말의 비결

옛날 시골 공소에 거주하게 된 나이 지긋한 선교사 부부가 있었다.

그는 잘생기고 친절해서 신자들에게 인기가 높았다.

딱 한 가지 말을 더듬는 약점이 있었다.

그가 말을 할 때 신자들은 답답했다.

그러던 어느 날 갑자기 말을 청산유수처럼 거침없이 하였다.

신자들은 모두 놀라서 물어 보았다.

"왜 이제까지 그런 말씀 실력을 숨기고 계셨습니까?"

선교사는 멋쩍어하며 말하였다.

"아침에 바빠서 아내 틀니를 제것인 줄 알고 바꿔 끼고 나왔는데 나도 모르게 따발총처럼 쏟아져나오지 뭡니까.

— 유머집에서

■ 발문

분에 넘친 사랑, 참 고맙고 행복했습니다

— 은퇴(retirement)를 앞두고

저는 사제생활 39년의 사목생활을 마치고 은퇴하려고 합니다.

회고해보건대 칠삭둥이 같은 죄인을 당신의 도구로 써 주심에 대하여 눈물로 감사를 드립니다.

하느님 앞에는 죄인이요, 인간 앞에는 허물 많은 죄인에게 사제생활 동안 너무나 과분한 축복을 주시고 이제 은퇴할 수 있는 기회를 주신 아버지 하느님께 감사드립니다.

그리고 사목생활을 통해서 만난 교회장상과 선배 사제들과 동료 사제 그리고 나를 기억해 주신 모든 신자들께 이 자리를 통해서 고마운 마음으로 감사의 인사를 드립니다.

사제의 은퇴란 사제직을 떠나는 것이 아니라 교회의 요청이 있을 때 언제나 성무집행을 할 수 있습니다.

그렇기 때문에 은퇴란 사제생활이 끝나는 것이 아니라 죽을 때까지 사제 생활의 연속인 것이지요.

사실은 사제가 신자들 곁을 떠난다는 것은 혹자는 쓸쓸하고 허전하고 두렵다고도 하지만 또한 홀가분한 마음으로 여유가 있어서 노년을 즐긴다고도 말합니다.

그러나 사제가 신자 곁을 떠남은 부모가 자식을 떠나보내고 홀로 선 둥지가 아닐는지요.

그래서 저는 하느님의 사랑과 자비를 믿고 홀로서기를 하는 용기를 가져봅니다.

그동안 금암성당에 있으면서 건강 때문에 은혜로운 강론도 없었고 본당 활성화에도 도움이 되지 못하고 자리만 지키는 부족한 사제였음을 인정합니다.

그러나 신자들께서는 분에 넘치는 사랑으로 참아주시고 도와주셨습니다. 참 고맙고 행복했습니다.

우리 속담에 떠날 때는 말없이 조용히 떠나는 뒷모습이 아름답다 했습니다. 이제 그때가 되어 떠나려 합니다.

주님! 저의 은퇴생활을 사랑과 자비로 보살펴주소서. 아멘.

참회합니다

1. 사제로서 소외되고 가난한 자들의 눈물과 아픔에 동참하지 못하고 제 자신만 챙기는 이기적인 삶에 참회합니다.

2. 제가 강론에서 하느님의 사랑을 외쳤지만 언행일치의 삶을 살지 못했음을 참회합니다.

3. 제 자신의 부덕으로 상처받은 모든 분들께 이 자리를 통해서 참회합니다.

마지막으로 졸저 한 권을 놓고 갑니다.

금암본당 신자 여러분과
저를 기억해 주신
모든 분들께
주님의 축복을 기원합니다.
안녕히 계십시오.

2012년 12월
서석구(사도요한) 신부

서석구 신부 글 모음집

구름 위에 별은 반짝이고

인 쇄 | 2012년 11월 25일
발 행 | 2012년 12월 1일

지 은 이 | 서 석 구
발 행 인 | 서 정 환
발 행 처 | 신아출판사

출판등록 | 1984년 8월 17일 제28호
주 소 | 전주시 완산구 태평동 251-30
전 화 | Tel. 063-275-4000, 063-252-5633
팩 스 | (063) 274-3131
E-mail | shina321@chol.com
sina321@hanmail.net

이 도서의 국립중앙도서관 출판시도서목록(CIP)은 e-CIP홈페이지(http://www.nl.go.kr/ecip)와 국가자료공동목록시스템(http://www.nl.go.kr/kolisnet)에서 이용하실 수 있습니다.
(CIP제어번호: CIP2012005373)

ISBN 978-89-97700-89-9 03810
값 10,000원